# O PODER
# DA ORAÇÃO

**Obras do autor**

*1001 maneiras de enriquecer*
*Canções de Deus*
*Como usar as leis da mente*
*Como utilizar o seu poder de cura*
*Conversando com Deus*
*Energia cósmica – o poder milagroso do universo*
*Estas verdades poderão mudar a sua vida*
*A força do poder cósmico do subconsciente*
*As grandes verdades da Bíblia*
*A magia do poder extra-sensorial*
*O milagre da dinâmica da mente*
*Orar é a solução*
*Para uma vida melhor*
*A paz interior*
*O poder cósmico da mente*
*O poder curativo do amor*
*O poder da oração*
*O poder do subconsciente*
*O poder milagroso de alcançar riquezas infinitas*
*Segredos do I Ching*
*Sua força interior*
*Telepsiquismo: como alcançar a vida perfeita*
*Viver sem tensão*

# JOSEPH MURPHY

# O PODER DA ORAÇÃO

## (O SENTIDO INTERIOR DA REVELAÇÃO DE S. JOÃO)

Tradução de
LUZIA MACHADO DA COSTA

22ª TIRAGEM

Rio de Janeiro
2000

CIP-Brasil. Catalogação-na-fonte
Sindicato Nacional dos Editores de Livros, RJ.

M96p
1ª ed.
Murphy, Joseph, 1898-
   O poder da oração: o sentido interior da
revelação de São João / Joseph Murphy; tradução de
Luzia Machado da Costa. – 22ª tiragem. – Rio de
Janeiro: Record: Nova Era, 2000.

Tradução de: Pray your way through it
ISBN 85-01-01409-5

1. Oração. 2. Pensamento Novo. I. Título.

93-1207
CDD – 242
289.98
CDU – 243

Título original norte-americano
PRAY YOUR WAY THROUGH IT

Copyright © 1958 by Joseph Murphy

Direitos de publicação exclusiva em língua portuguesa em todo o mundo
adquiridos pela
DISTRIBUIDORA RECORD DE SERVIÇOS DE IMPRENSA S.A.
Rua Argentina 171 – 20921-380 Rio de Janeiro, RJ – Tel.: 585-2000
que se reserva a propriedade literária desta tradução

Impresso no Brasil

ISBN 85-01-01409-5

PEDIDOS PELO REEMBOLSO POSTAL
Caixa Postal 23.052
Rio de Janeiro, RJ – 20922-970

EDITORA AFILIADA

# INTRODUÇÃO

Baseia-se este livro numa série de conferências e aulas especiais sobre o significado profundo da *Revelação de S. João, o Divino,* realizada em Nova York, em Los Angeles e outras partes do mundo. Nos séculos II e III, surgiu uma controvérsia quanto à origem do Livro da Revelação. Alegava-se que o *Apocalipse* e o Quarto *Evangelho* atribuídos a João tinham sido escritos por Cerinto, um gnóstico. O crítico Dionísio de Alexandria declarava que o livro devia ter sido obra de outro João que não o filho de Zebedeu, baseando-se em comparações feitas entre o *Apocalipse,* de um lado, e o *Evangelho Segundo S. João,* do outro, quanto ao estilo, linguagem e texto.

A Enciclopédia Bíblica observa que o *Evangelho Segundo S. João,* as *Epístolas* e o *Apocalipse* provêm todos da mesma escola, mostrando afinidades em vários pontos. O consenso dos especialistas em pesquisas bíblicas é que a autoria do Livro da Revelação é de fato desconhecida e que se deve desprezar as alegações de que tenha sido obra de João. Uma pesquisa em velhos manuscritos egípcios indica a possível fonte desses escritos antigos.

Só existe uma Verdade e todos os escritos sagrados são partes ou fragmentos da sabedoria anti-

5

ga que nos chega desde tempos imemoriais. No estudo das religiões comparadas e dos textos sagrados temos de chegar à conclusão de que há uma sabedoria secreta e tradicional, uma ciência oculta, na base de todos os escritos antigos.

Antigamente essa Gnose, ou sabedoria secreta, era guardada zelosamente, sendo transmitida apenas aos considerados dignos da iniciação. A Bíblia é um compêndio psicológico e espiritual, que contém as leis do espírito humano e a maneira de agir de Deus.

O Livro da Revelação é alegórico e místico — não histórico. Não devemos considerar a alegoria como história. Tem-se tentado em vão dar ao *Apocalipse* uma interpretação histórica; outros o têm considerado como uma profecia dos acontecimentos mundiais. A Bíblia não trata da previsão de fatos futuros, tais como guerras, calamidades, a destruição do mundo etc. O Antigo e o Novo Testamentos não falam de fatos futuros, nem do destino das nações.

Se a Bíblia ensinasse essas coisas, significaria que todas as coisas são predestinadas, predeterminadas e que o homem não tem escolha nem livre-arbítrio para moldar e formar o seu destino. Se a peça já está toda escrita e você está aqui só para representar o seu papel como um ator a seguir o texto da peça, de que adiantaria rezar, estudar a Bíblia, aprender como funciona o subconsciente? *Conforme o homem pensa em seu coração, assim é ele* prova que podemos modificar o futuro modificando nossos pensamentos e sentimentos agora. É aquilo que você crê de si e o seu modo de pensar habitual que o tornam sadio ou doente, alegre ou deprimido, próspero ou pobre.

O assunto do Livro da Revelação, ou *Apocalipse*, como é chamado muitas vezes, é velado em uma linguagem simbólica, figurada e alegórica. Este método foi usado por todos os escritores antigos da Bíblia, que eram mestres na alegoria, a fim de preservar e guardar as ciências sagradas em seu verdadeiro e profundo significado contra aqueles que pretendessem destruí-las propositadamente. Além disso, consideravam que aqueles que são moralmente indignos não devem receber os ensinamentos profundos senão quando tiverem provado ser merecedores de recebê-los. Se o livro tivesse sido escrito numa linguagem clara, e seu sentido profundo se houvesse revelado como um grande drama psicológico a desenrolar-se na consciência do homem, sem dúvida teria sido destruído pelo primeiro grande ditador que aparecesse, fosse ele um Nero, um Gêngis Khan ou um Hitler.

Os iluminados que escreveram as Bíblias do mundo viam através do tempo e do espaço e sabiam quão importante era preservar a sabedoria secular, ocultando-a sob símbolos, números e criptogramas. A Bíblia é escrita em código e a sua chave sempre foi conhecida. Qualquer pessoa pode estudar os princípios gerais do simbolismo; pode procurar o significado dos vários nomes e palavras numa boa chave e ver por si as grandes verdades psicológicas e espirituais que retratam o plano geral da alegoria bíblica. A linguagem dos símbolos é universal e era assim que o conhecimento espiritual era dado aos povos nos tempos antigos. Um símbolo fala ao coração de todos os homens.

Apresentaremos agora um grande banquete psicológico de paz, alegria e felicidade, ao nos determos no alimento espiritual do belo Livro da Revelação, que repudia o conceito de um Deus antropomórfico e, com imagens belas e sublimes, mostra o verdadeiro caminho para o coração de Deus. Todas as Bíblias do mundo revelam as verdades eternas que pertencem ao Deus Único, o Pai de todos. Todas atestam a Sabedoria de Deus, que é imperecível e que nos veio através dos tempos como legado valioso de conhecimentos sagrados.

Historicamente, a Bíblia tem pouco ou nenhum valor. Sua beleza e vigor consistem na apresentação das leis da vida e dos caminhos do Espírito. Encaremos a Bíblia com compreensão e amor, procurando de todo o coração a orientação e inspiração, e o Espírito da Verdade nos conduzirá a toda a Verdade.

# CAPÍTULO UM

(1) *Revelação de Jesus Cristo, que Deus lhe concedeu para descobrir aos seus servos o que em breve deve acontecer, e que manifestou, enviando-a por meio do seu anjo ao seu servo João, (2) o qual deu testemunho à palavra de Deus e testemunho de Jesus Cristo em todas as coisas que viu. (3) Bem-aventurado aquele que lê, e ouve as palavras desta profecia, e observa as coisas que nela estão escritas; porque o tempo está próximo.*

A Revelação de S. João, o Divino, é um manual de desenvolvimento espiritual que ensina a grande arte da oração científica e não, como crêem muitos, uma profecia críptica de futuros acontecimentos mundiais. A palavra Apocalipse ou *Apocalypsis*, significa desvendar, despir, revelar ou descobrir. A Revelação de S. João, o Divino, significa "Deus revelando-se como Homem". Se você se sentar descontraído e depois mentalmente se descartar de seu corpo, nome, nacionalidade, raça, ambiente, família etc., o que será? Você dirá "Sou invisível — mente e espírito". É disso que trata o Livro da Revelação. Você é realmente invisível. Não pode ver a sua mente, pensamentos, sentimentos, crenças ou convicções; tampouco pode ver o sentimento de amor, fé, alegria ou entusiasmo. Você vive com os seus pensamentos, sonhos, aspirações, desejos e imaginação. Não vive com o seu corpo. O seu corpo vive em você como uma idéia.

O propósito do Apocalipse é desvendar o homem e revelar-lhe a Presença do Deus que nele habita. É este o propósito magnífico e glorioso deste Livro da Bíblia. Nas páginas seguintes você encontrará todos os pontos principais e significativos dos versículos-chave tais como foram dados nas minhas aulas e conferências.

O primeiro versículo diz *Revelação de Jesus Cristo que Deus lhe concedeu, para descobrir aos seus servos*... A palavra *Jesus* é um nome antigo do Sol, que era símbolo da Luz ou Presença de Deus no homem. Em outras palavras, Jesus significa "Eu Sou" ou "Ser Puro", o antigo nome de Deus. A palavra *Cristo* é um título e significa consagrado ou ungido. Corresponde à palavra hebraica *Messias* ou *Salvador*. O termo *Cristo* é a Verdade Espiritual sobre qualquer pessoa ou coisa. O nosso *Eu Sou* é o Cristo ou a solução para qualquer problema, e quando dizemos "Eu Sou", estamos proclamando a Presença de Deus dentro de nós, o que é nosso Cristo ou Salvador porque a nossa percepção de Deus é a nossa salvação e a solução do nosso problema. As palavras *salvação* e *solução* são usadas como sinônimos. Na linguagem bíblica, você é Jesus Cristo em ação quando percebe o fato de que Eu

10

Sou é seu Deus, e o que você acrescentar a EU SOU é o que você se torna.

Paulo diz: *Não sabeis que Jesus Cristo está dentro de vós, a menos que sejais reprovados?* Na linguagem psicológica, *Jesus Cristo* significa a interação harmoniosa e sincrônica de sua mente consciente e subconsciente. Quando você junta idéias verdadeiras a sentimento verdadeiro, você é Jesus Cristo em ação. O seu conhecimento do funcionamento da sua própria mente é o seu salvador. Em outras palavras, o homem é o seu próprio salvador.

Para ilustrar como você se torna Jesus Cristo em ação, eu disse a uma mulher, que reclamava da solidão, para afirmar, como uma cantilena, o seguinte: "Sou amada, apreciada e desejada". Ela repetiu essa frase até sua mente estar saturada com a verdade daquilo que ela afirmava. Depois veio a resposta, sob a forma do companheiro ideal, que se harmonizava com ela de todo jeito, consumando-se o casamento.

Cada faculdade de sua mente é um servo. Os seus pensamentos, imagens mentais e emoções são servos. Você tem o controle deles e pode ordenar aos seus pensamentos que cumpram as suas ordens e realizem o seu desejo. Você é João sendo iniciado nas maravilhas do seu Ser Superior. No momento em que você concebe uma idéia ou desejo, essa idéia ou desejo aparecerão como manifestação.

*Pois o tempo está próximo.* O tempo está sempre próximo; é agora. Em Deus não existe tempo nem espaço. Quando você reza, deixa o tempo e espaço e entra na Eternidade. O seu bem é este momento presente. O crescimento espiritual nada tem a ver com o tempo ou o espaço. Você pode exigir o amor agora, a paz agora, e a força agora. Deus é o Agora Eterno. Você não precisa esperar pela paz, sabedoria, alegria ou uma cura. Todas essas qualidades de Deus estão dentro de você e, quando você reivindica o seu bem, o Espírito o confirma e lhe dá de acordo com a sua aceitação mental. Pare de adiar o seu bem.

(7) *Eis que ele vem sobre as nuvens, e todos os olhos o verão, e aqueles que o traspassaram. E baterão no peito ao vê-lo todas as tribos da terra. Assim se cumprirá. Amém.*

O significado deste versículo está claro. Não podemos ver como funciona a nossa mente subconsciente: ela é como uma nuvem. Mas, quando a nuvem fica saturada de vapor, dá-se a precipitação e temos a chuva. Quando o seu consciente fica saturado com o sentimento de ser o que você deseja ser ou quando você chega ao ponto de convicção, a sua mente mais profunda projetará a resposta como uma condição, experiência ou acontecimento. A lei é que tudo que se expressar na mente subconsciente se exprimirá na tela do espaço.

(8) *Eu sou o Alfa e o Ômega, o princípio e o fim, diz o Senhor Deus, que é, e que era, e que há de vir, o Todo-Poderoso.*

*EU SOU* ou Deus é o princípio e o fim. Na linguagem simples do dia-a-dia, o princípio de qualquer coisa é o seu desejo, idéia, pensamento ou propósito; em outras palavras, quando você se torna consciente de ser ou ter algum desejo em sua mente, isso chama-se de Alfa ou o princípio. O seu desejo é coberto por uma nuvem, o que significa que você

12

não sabe como apresentá-lo. Se você sentir dentro de si que a Sabedoria de Deus trancada no seu subconsciente está funcionando, ela proporcionará a realização por meios que você desconhece. Continue a nutrir essa idéia com sentimento e você conseguirá impregnar a sua mente profunda, e a resposta a sua oração se precipitará da mesma maneira que a chuva cai da nuvem saturada. O princípio é a bolota e o fim é o carvalho, mas a planta já existe na semente e a maçã já está na semente da maçã. O princípio é a sua idéia e o fim (Ômega) é sua manifestação. O seu desejo é como uma semente, que tem dentro de si a sua própria matemática e mecânica e, quando plantada na área receptiva de sua mente, entrará em gestação e crescerá no escuro, acabando por aparecer na sua experiência objetiva. A solução de todos os seus problemas surge das nuvens do seu próprio consciente.

(9) *Eu sou João, vosso irmão e companheiro na tribulação, e no reino e na paciência em Jesus Cristo, estive na ilha chamada Patmos, por causa da palavra de Deus e pelo testemunho de Jesus.*

João é o tipo de mente que está sempre a se transcender, o homem que está constantemente dando origem a valores espirituais. *Tribulação* significa sofrimento; de fato, o seu desejo é a sua tribulação, pois se você satisfizesse o seu desejo, não estaria sofrendo. Não há motivo para sofrimento quando liberamos as nossas opiniões vãs e falsas crenças e entronizamos em nossa mente as verdades espirituais sobre a nossa mente e o modo como ela funciona. *Sofrer* também significa permitir, como permitir

*13*

que seja feito agora. *Tribulação* significa sofrer uma modificação pela qual nos separamos daquilo que nos prende, restringe ou inibe.

Há dores do parto na modificação porque para que alguma coisa nasça alguma coisa deve morrer, antes de alguma coisa poder ser criada alguma coisa deve ser destruída. Quando você reza por uma situação ou estado, às vezes verifica que as coisas pioram antes que surja a resposta; este é um processo de purificação segundo o qual o estado antigo se desintegra, provocando alguma dor e tribulação, tal como a confusão. Mas é um bom sinal, pois indica que o novo estado está nascendo. É um tanto semelhante à faxina da primavera num lar, quando a dona-de-casa levanta muito pó enquanto faz a limpeza.

A *ilha de Patmos* significa fazer sossegar a sua mente e mentalmente morar com Deus. Você está numa ilha rodeada por água, isto é, tem uma firme convicção e fé em Deus que permanece firme e resistente. Você se fixa na crença de que o que você está contemplando agora no lugar secreto de sua mente virá a realizar-se, sabendo em seu íntimo que lhe será feito tudo de acordo com a sua crença. As suas emoções estão sossegadas porque você está repousando numa fé duradoura nas leis mentais e espirituais que transcendem todas as condições, circunstâncias e aparências externas.

Você está na *ilha de Patmos* quando fecha a porta de seus cinco sentidos, volta-se para dentro, para Deus, e afirma que o Deus que lhe deu o seu desejo ou idéia é o mesmo Deus que o cumpre. Sinta a realidade do seu desejo e alegre-se com a sua satisfação. Você pode crer na realidade de seu desejo com tanta certeza quanto pode crer que tem uma mão ou coração. Os pensamentos são coisas, as idéias se realizam, aquilo que sentimos nós atraímos, o que contemplamos é aquilo em que nos tornamos. Quando soubermos essas verdades simples e seus corolários, podemos ir à *ilha de Patmos* com fé e confiança, firmes em nossa convicção de que aquilo por que rezamos já subsiste na Mente Infinita e pode-se dizer que existe quando sentimos a sua realidade em nossos corações.

(10) *Um dia de domingo fui arrebatado em espírito e ouvi por detrás de mim uma grande voz, como de trombeta,* (11) *que dizia: O que vês, escreve-o num livro e envia-o às sete Igrejas que há na Ásia: a Éfeso e a Esmirna, a Pérgamo e a Tiatira, a Sardes e a Filadélfia e a Laodicéia.*

O *dia de domingo* é quando a luz e a Inteligência de Deus brilham em sua mente, quando você sabe que a sua própria consciência é Deus e que Ela é a única Criadora em seu mundo. *Espírito* significa sentimento, uma animação interior e entusiasmo. Você está *arrebatado em espírito* quando pensa em Deus como a Percepção dentro de si, sem rosto nem forma, ilimitada, sabendo que Ele é a Única Presença e o Único Poder. Não se esforce por uma realização, apenas sinta essa grande Verdade. Se você estiver rezando por algum problema, entre no Espírito ou sentimento da alegria da oração satisfeita. A *voz* que você ouve, que parece uma *trombeta,* é o som de sua oração atendida. Também representa a voz da intuição, e significa ensinada do interior. Às vezes, a idéia ou solução perfeita surge espontaneamente em sua mente como torradas a saírem de uma torradeira.

No versículo onze, o *livro* citado é a sua mente subconsciente, na qual você está sempre inscrevendo os seus habituais pensamentos, sentimentos, crenças e reações à vida. O que você sentir que seja verdadeiro no seu íntimo, você o experimentará como verdadeiro no exterior. A mente subjetiva recebe impressões de nossa mente consciente, que é o escriba, e as idéias aí impressas tornam-se forma, função e experiência. *Ásia* significa o Oriente, a aurora, o interior, o oculto, o reino espiritual. Significa o Espírito no interior, a sua percepção da Presença Divina que reside no seu interior e que é representada pelo sol nascente na simbologia oriental. Todas as religiões têm suas origens na Ásia e representam a Inteligência Infinita e a Sabedoria de Deus que reside no inconsciente de todos os homens.

Antes de explicarmos o significado das *sete igrejas,* devemos compreender o significado da palavra *igreja.* A verdadeira *igreja* é o consciente do homem, do qual ele extrai toda a sabedoria, força e poder de que necessita para manter-se plenamente e ser expresso em seu mais alto nível. Uma igreja na linguagem bíblica não é uma seita ou denominação. É um agregado de idéias espirituais no consciente individual.

Para enviar a mensagem às sete igrejas é preciso formar um novo estado do consciente ou atitude mental. O homem deve conseguir uma compreensão

*16*

de Deus como Espírito para estabelecer relações de amizade e harmonia com o Espírito. A *igreja* de Deus é uma percepção mental e espiritual das Verdades de Deus, que são gradativamente absorvidas na mentalidade. Você estará construindo a igreja de Deus na terra quando começa uma plantação muda e interior de conceitos espirituais, que agem como fermento e com o tempo transformam toda a sua vida.

Milhões de pessoas lêem a Bíblia interpretando-a ao pé da letra, em vez de procurarem entender-lhe o espírito ou significado oculto. As várias formas, credos, cerimônias, liturgias e rituais são simbólicos de processos íntimos de crescimento e percepção espirituais. A sua *igreja* é o seu Ser Mais Profundo, do qual você extrai a Sabedoria, o Poder e a Glória de Deus ali impregnados. Lembre-se de que uma igreja não é feita de credos nem de formas; tampouco é contida em paredes de mármore ou tijolos. O altar mais alto do mundo é o coração purificado do homem. Cada homem é o templo do Deus Vivo, e o Espírito da Verdade conduzirá e guiará todos os homens para a Verdade Eterna, que é Una e Indivisível. Um Deus, Uma Lei, Uma Vida, Uma Verdade, Um Eterno, Um Pai de todos — Deus. Todos os homens que caminham sobre a terra têm a oportunidade maravilhosa de voltar-se para a Presença de Deus no íntimo a fim de terem luz e inspiração, e cada um deles as receberá. Quando todos os homens fizerem disso um hábito, a verdadeira *Igreja* de Deus será encontrada onde sempre esteve — no coração do homem.

As *sete igrejas* são os sete degraus ou graus de percepção pelos quais todos passamos antes de chegar a um ponto de convicção mental ou compreensão íntima e vívida a respeito do assunto ou estado sobre o qual rezamos. Quando alcançamos o ponto de realização mental e emocionalmente, onde não há mais disputas com a mente consciente ou subconsciente, não sentimos necessidade nem desejo de rezar mais. Estamos satisfeitos e temos aquela noção interior e silenciosa da alma de que tudo está bem. É uma sensação profunda e íntima de certeza, pela qual você sabe que sabe. Você nesse ponto abençoa a situação e deixa-a. Afirmou a Verdade e falou a palavra, que não lhe voltará vazia. Você agora tem a convicção inalterável de que a sua oração já foi atendida na Mente Divina e, no momento em que você nem pensar, ela aparecerá na tela do espaço.

As *sete igrejas* representam os sete dias da criação, que por sua vez representam o tempo que você leva para ter a sua oração atendida. Se você obtiver uma cura ou demonstração instantânea, é que os sete dias ou sete estágios de desenvolvimento mental e espiritual foram transpostos. *E Deus abençoou o dia sétimo e o santificou.* (Gên. 2:3)

Segundo alguns geólogos, a terra sob os nossos pés demonstra a existência de seis grandes períodos de criação, com um sétimo processo ainda em funcionamento e completando-se. Há sete cores no espectro, sete tons principais na música, sete sentidos no homem; o algarismo sete representa a plenitude ou o estado completo. As *sete igrejas* também se referem ao dia de *sábado*. O *sábado* significa o sétimo dia, sétimo mês, a restauração, expiação, plenitude, perfeição, integridade, repouso e descanso. As *sete igrejas* ou o *Dia de Sábado* representam um estado de espírito em que o homem entra ou que adquire quando ele ingressa no silêncio da alma, na comunhão com Deus, onde ele encontra o verdadeiro repouso e paz. As *sete igrejas* representam também o sétimo estágio ou estágio perfeito de nosso desenvolvimento espiritual. Você pode enviar sua mensagem às sete igrejas dentro de você a qualquer momento. Instile com sentimento o seu ideal na sua mente subconsciente e você chegará ao sétimo estágio.

São os seguintes os estágios ou degraus que você terá de percorrer antes de sua oração ser atendida:

1. *Éfeso* significa desejo, plano ou propósito.
2. *Esmirna* significa fragrância.
3. *Pérgamo* significa fortemente unida, intimamente ligada.
4. *Tiatira* significa incenso, o zelo inspirado.
5. *Sardes* significa pedra preciosa, alegria.
6. *Filadélfia* significa o amor fraterno.
7. *Laodicéia* significa julgamento, isolamento.

As *sete igrejas* são sete estados de consciência. Você envia sua mensagem às sete igrejas do seguinte modo: Vai para a ilha de Patmos dentro de si, que é a sua própria mente, onde você contempla a Deus e passa por sete degraus de percepção até ao estado condicionado. Primeiro você tem um desejo. Depois vive o estado fragrante, que é a emoção de ter o que você deseja por meio do Poder de Deus. No terceiro degrau, você se une mental e emocionalmente com o seu ideal ou desejo, exaltando-o, elevando-o em sua mente, cortejando-o, abraçando-o.

*19*

O quarto degrau, representado pelo incenso, é uma ação de graças continuada, em que você agradece a Deus o dom já recebido. Você dá graças do mesmo modo que faria se estivesse agradecendo ao vendedor de uma loja pelo casaco de peles que ele vai-lhe mandar para a sua casa. Você confia nele cegamente. Ainda não recebeu o casaco, mas sabe que o receberá. O seu pai lhe prometeu um carro para quando você se formasse; você ainda não o recebeu, mas lembra-se da alegria e da emoção — o incenso ardendo dentro de você — quando ele lhe fez essa promessa. Você tinha apenas uma promessa, mas estava tão feliz quanto estaria se o tivesse recebido, porque sabia, por experiências prévias, que o seu pai sempre cumpria sua palavra. Você não pode oferecer o incenso da gratidão a Deus, que nunca falha? Suas promessas se baseiam na Lei, e Ele já lhe deu tudo. Ele está dentro de você. O seu coração erguido e grato fará milagres. Nunca deixe de oferecer incenso no altar de seu coração a Deus, que lhe deu todas as coisas.

Segue-se o quinto passo ou degrau, que é uma reação alegre, borbulhante de jubilosa expectativa, pois você sabe que aquilo que pediu no silêncio da ilha de Patmos se realizará, já que o Espírito sempre revalida ou corresponde à sua crença. O sexto passo é o Amor ou união com o seu ideal, que representa a identificação. Você agora é um com o seu desejo. O seu subconsciente o absorveu, e você está repleto: houve um casamento da idéia com o sentimento. Você mentalmente absorveu o seu desejo, da mesma maneira que um pedaço de pão se torna tecido, músculo, ossos e sangue.

O último passo ou degrau final é *Laodicéia*, ou o repouso em Deus — está terminado o ato criador. Tendo feito tudo, você aguarda a palavra da Verdade. Há sempre um intervalo de tempo entre a impregnação do subconsciente e a manifestação. Chama-se a esse período a tranqüilidade, o sábado, o sétimo dia, a sétima hora — e tudo isso significa uma gestação subconsciente. O seu subconsciente está gerando um filho, e esse filho nascerá no momento certo, do modo certo, segundo a sabedoria do subconsciente. Um problema pode ser resolvido em uma hora, outro dentro de uma semana ou um mês, outro em minutos. Algumas demonstrações magníficas ou atendimento a orações levaram anos, se contarmos no plano tridimensional da vida; mas em todos os casos, passa-se pela mensagem às sete igrejas ou os sete graus de desenvolvimento.

(12) *E voltei-me para ver a voz que falava comigo. E, voltado, vi sete candeeiros de ouro; (13) e no meio dos sete candeeiros de ouro alguém semelhante ao Filho do Homem, vestido de hábito talar, e cingido pelo peito com um cinto de ouro.*

Os *sete candeeiros* são as sete igrejas. O *hábito* que você usa é o seu estado de espírito, seu sentimento, a sua convicção alegre. Você esteve na mesa do banquete de Deus, aonde você chega mentalmente vestido com o hábito do amor, perdão, paz, alegria e boa vontade. Quando você entra num grande festim psicológico de alegria e felicidade, está usando o hábito do amor e está usando, simbolicamente, o *cinto de ouro*, que é sinal de alegria.

Quando você reza, deve sempre comparecer à Presença de Deus usando um *hábito dourado* ou um coração puro e o espírito isento de ressentimento, rancor, hostilidade, preconceito ou condenação. Essas atitudes de espírito impedem e obstruem o fluxo da Salutar Presença Divina. Os detritos devem ser retirados do cano para que a água corra livremente. Igualmente, um consciente contaminado deve ser purificado de todos os sentimentos pervertidos ou perversos, a fim de dar entrada à harmonia, à saúde e à paz.

(14) *Sua sabeça e seus cabelos eram brancos como a lã branca e como a neve, e os seus olhos como uma chama de fogo; (15) os seus pés eram semelhantes ao bronze fino, quando está numa fornalha ardente, e a sua voz como o ruído de muitas águas.*

A *cabeça* e os *cabelos* citados aqui representam o intelecto ungido pela Sabedoria de Deus. Os *cabelos* representam o Poder e a Sabedoria de Deus. A *cabeça* representa o intelecto ou mente consciente. Quando os seus pensamentos são pensamentos de Deus, o Poder de Deus está com o seu pensamento do bem. Quando você tem a mente pura e o coração puro, ou uma verdadeira idéia de Deus e o sentimento verdadeiro que se segue, a sua mente é considerada *branca* como a *lã* ou a *neve*.

No versículo quinze, a palavra *pés* significa compreensão, entendimento. O *bronze* é uma liga formada pela união do zinco com o cobre, que significa uma união do seu desejo e sentimento, a sua mente e o seu coração. O seu entendimento consiste de seu conhecimento do funcionamento de sua mente, que lhe permite unir-se com o que você deseja e sentir-se o que deseja ser.

(16) *E tinha na sua mão direita sete estrelas; e saía da sua boca uma espada aguda de dois fios, e o seu rosto resplandecia como o sol na sua força.*

A *espada de dois fios* que *saía da sua boca* significa que da nossa boca vem a fala, ou *vem uma voz*, que é vibração. A verdade é uma *espada* porque nos corta (ou separa) de nossas crenças e comportamentos antigos, falsos e negativos, criando uma disputa em nossa mente a fim de resolver um problema. Lembre-se também de que tudo o que você pensar ou sentir sobre outrem estará criando em sua própria experiência, pelo simples motivo de que aquilo que você pensa e sente você está criando. A verdade é uma *espada de dois fios* no sentido de que o fator subjetivo é que é sempre o fator determinante. Aquilo que você crê, você cria. O homem é a crença expressa.

Quando você percebe a Verdade do Ser, acredita somente na Bondade e Amor de Deus e só espera o melhor. Então você poderá percorrer o mundo inteiro trajando o hábito de Deus, e o mundo todo será abençoado porque você caminhou assim. Quando você entronizar um Deus de Amor em sua mente e acreditar com o coração que Deus é o Pai Imenso e Bondoso, você terá uma reação do Pai da Luz sob a forma de amor, paz, direção, fartura e segurança. Ele se voltará para você assim como você se volta para Ele. Deus é para você aquilo que você crê que Ele seja.

(17) *Logo que o vi, caí diante de seus pés como morto. Mas ele pôs a sua mão direita sobre mim, dizendo: Não temas; eu sou o primeiro e o último* (18) *e o que vivo e fui morto; e estou vivo pelos séculos dos séculos, e tenho as chaves da morte e do inferno.*

O versículo dezessete significa que, quando você percebe o Poder Criador dentro de si, você se torna como *morto;* isto é, adormecido para o mundo e vivo para Deus. Você entende de uma vez por todas que o princípio e o fim são o mesmo — o pensamento e a coisa, a idéia e sua manifestação, o carvalho e a bolota são um só. A flor e a semente são um. O seu desejo e a manifestação do mesmo são um na sua mente. Todas as coisas subsistem na Mente Divina. *Alfa* é o desejo e *Ômega* é a manifestação do desejo. Deus lhe deu o desejo, Deus satisfará o desejo e Deus lhe revelará todos os passos necessários para o desenvolvimento do mesmo. O lugar de satisfação é a sua mente, e o lugar de origem é a sua mente.

O consciente está sempre morrendo e dando origem a algo de novo. Você pode morrer para a pobreza dizendo que a Riqueza de Deus o está envolvendo. Continuando a fazer isso, o estado de pobreza morrerá à míngua e então veremos um outro homem, nadando em riqueza. Você pode morrer para o medo e viver na fé em Deus. Pode morrer para a má vontade e regalar-se com a boa vontade. Pode morrer para a doença, desviando a sua atenção daquilo que você não quer e focalizando-a sobre Deus e Sua Salutar Presença Infinita, dizendo que o que se aplica a Deus se aplica a você. As *chaves da morte e do inferno* significam a sua capacidade de morrer para o estado antigo e viver no novo. Tenho de morrer para o que sou antes de poder viver para aquilo que desejo ser.

(19) *Escreve, pois, as coisas que viste, as que são, e as que hão de suceder depois destas.* (20) *Eis o mistério das sete estrelas que viste na minha mão direita, e dos sete candeeiros de ouro: as sete estrelas são os sete anjos das sete igrejas; e os sete candeeiros são as sete igrejas.*

As *sete estrelas* e os *anjos das sete igrejas* são a mesma coisa. O *anjo* é um mensageiro de Deus, uma nova idéia, uma nova atitude, uma nova interpretação da vida. O anjo deve vir antes de você poder mudar. Você não pode modificar as suas antigas maneiras de pensar enquanto não tiver uma nova idéia. Você chega a novos juízos, decisões e conclusões quando aprende o Poder Criador de sua própria mente. Compreender que você cria aquilo que você imagina e sente é experimentar a visitação de um anjo. Esse anjo ou nova idéia prenuncia o nascimento de seu salvador ou a solução do seu problema.

Assim como você caminha na convicção ou sentimento de que a sua oração está sendo atendida, assim também o Sol ressurgirá de manhã. Você terá encontrado o seu salvador, e então a aurora aparecerá e todas as sombras fugirão.

# CAPÍTULO DOIS

Já explicamos o significado de *anjo*, as *sete igrejas* e os *sete candeeiros*. Como neste livro pretendemos evitar ao máximo as repetições, começaremos com os versículos terceiro e quarto, deixando de lado o material já estudado. As *sete estrelas*, conforme já foi dito, são os sete graus de percepção pelos quais passamos antes de nos unificarmos subjetivamente com o nosso desejo.

(3) *E tens paciência, sofreste pelo meu nome e não desanimaste.* (4) *Mas tenho contra ti que deixaste a tua primeira caridade.*

A tua *primeira caridade* é Deus ou o Espírito interior. Quando você é leal e dedicado ao Poder Único, sem reconhecer qualquer outro, você está amando a Deus. No momento em que você der força ao medo, dúvida ou fenômenos externos, terá deixado a sua *primeira caridade* e se verá em dificuldades. Isso quer dizer que você se pôs a perambular na periferia da vida, adorando todo tipo de deuses estranhos. Você agora deve voltar para o Centro, onde Deus habita em Paz e Harmonia, e ali se refazer e reabastecer do ponto de vista da Verdade. Ali no silêncio, em comunhão com Deus, você pode receber a Orientação, Força e Poder para resolver todos os seus problemas e erguer-se triunfante acima de todas as dificuldades.

Muitos cientistas descobriram o segredo de extrair a sabedoria do Ser Mais Profundo. Poincaré, o matemático francês, costumava descontrair-se e ficar passivo e quieto; depois confiava seu problema matemático à Mente Profunda, que sabia a solução. Ele entregava o seu pedido com fé e confiança — isso ativava a sabedoria em sua mente subjetiva e, quando a sua mente consciente estava preocupada com outras coisas, a resposta invariavelmente lhe vinha à mente superficial de uma maneira semelhante às torradas saltando da torradeira.

(5) *Lembra-te pois donde caíste e arrepende-te e volta às tuas primeiras obras; do contrário, venho a ti e removerei o teu candeeiro do seu lugar, se não fizeres penitência.*

No versículo cinco, a expressão fazer penitência significa pensar de uma maneira nova e ter uma nova idéia. Quando você tem uma idéia nova sobre o poder criador de sua mente, você começa a pensar de uma nova maneira e, de acordo com o que você pensa e sente, você se modifica. O pensamento e o sentimento criam o seu destino e quando você começa a pensar direito, sentir corretamente, agir direito e praticar atos corretos, você está realmente fazendo penitência. *Fazer as primeiras obras* significa que, quando sentimos um desejo, não nos devemos restringir a nossas limitações. Devemos plantar a nossa semente na mente subjetiva e dar-lhe toda a nossa atenção. Esclareça o seu desejo, defina o seu objetivo e seja positivo — é este o trabalho de *Éfeso*. Quando você sabe o que quer e o define de maneira clara em sua mente consciente, sempre terá uma resposta de sua mente subconsciente, que é rica de sabedoria e inteligência e sabe como realizá-lo.

(6) *Mas isto tens de bom, que aborreces as obras dos Nicolaítas, que eu também aborreço. (7) Aquele que tem ouvidos, ouça o que o Espírito diz às Igrejas: Ao vencedor darei de comer da árvore da vida, que está no paraíso do meu Deus.*

As *obras dos Nicolaítas* significam a adoração fálica, que é uma abominação da Lei. As obras dos Nicolaítas assemelham-se aos atos de Balaão, referindo-se à fornicação ou coabitação com pensamentos maus e destruidores em nossa mente. Na Bíblia, *aborrecer* é rejeitar totalmente qualquer coisa negativa ou destruidora em nossa mente. Se nesta entronizarmos o erro, seremos obrigados a exprimir o mal. Abandonamos o nosso *primeiro* amor, que é Deus, sempre que nos entregamos à amargura, ao preconceito, ódio ou negação de qualquer tipo.

*Comemos da árvore da vida,* citada no versículo sete, quando meditamos ou nos regalamos mentalmente com algo de elevado, digno ou louvável. A *árvore da vida* é a Presença de Deus dentro de você. É a árvore de Natal e todos os frutos nela se acham. Tudo que você busca está dentro de você. Seja qual for o problema, a solução está dentro de você.

Uma mulher que assistiu ao curso sobre a *Revelação* tinha ouvidos que ouviram a Verdade de Deus — sua mente estava aberta e receptiva às novas idéias. O filho achava-se muito doente e todos menos ela tinham perdido a esperança de salvar-lhe a vida. Ela ficou sentada junto ao leito do hospital e rezou assim: "Deus é a Vida de meu filho e Seu Poder de curar percorre todos os átomos do ser dele. A Paz de Deus inunda sua mente e seu corpo e pelo Poder Dele o meu filho fica são." Ela repetiu essa oração muitas vezes, procurando erguer em sua mente a idéia da saúde. Sabia intuitiva e instintivamente que, continuando a rezar, ela alcançaria o ponto de paz interior quanto ao filho. Depois de algumas horas a criança começou a chorar, pedindo comida. O médico examinou o filho e disse que ele vencera a crise. A mãe pusera em prática a idéia de enviar uma mensagem às sete igrejas, quer dizer, levantara no consciente sua idéia, passando por sete graus de percepção ou sentimento, até ser dominada por uma convicção íntima.

Passaremos de novo em revista brevemente esses sete graus. *Éfeso* significa o seu desejo, que compreendemos vir de Deus, lembrando-nos de um vazio em nossa vida. *Esmirna* significa ouvir; nós nos disciplinamos de modo que ouvimos ou damos atenção apenas àquilo que nos abençoará ou curará. Ouvimos as boas novas dentro de nós — é o estado fragrante de *Pérgamo,* onde chegamos ao ponto da decisão definida em nossa mente, pela qual sabemos que a Mente Profunda reage à nossa resolução positiva e confiança nela. Não há dúvida em nossas mentes. *Tiatira* é o estado em que sentimos a alegria daquilo que almejamos, quando vemos e sentimos o final feliz. *Sardes* é onde mentalmente chegamos ao lugar de repouso e convicção. *Filadélfia* é onde amamos a nossa convicção e aderimos a ela fielmente. *Laodicéia* é o isolamento em que repousamos em Deus. Verificou-se a impregnação do subconsciente e dentro em pouco estará manifesta a resposta à nossa oração. Esses são estágios pelos quais passamos mentalmente, quer nossa oração seja atendida em um minuto, uma hora, um mês ou um ano.

(8) *E ao anjo da Igreja de Esmirna escreve: Isto diz o primeiro e o último, que foi morto e que está vivo.* (9) *Conheço a tua tribulação e a tua pobreza, mas és rico e és caluniado por aqueles que se dizem judeus e não o são, antes são uma sinagoga de Satanás.*

Um *judeu* é uma pessoa cujo intelecto é iluminado pela Sabedoria de Deus; ele conhece a Lei da Vida e a segue. Muita gente diz que acredita em Deus, e ao mesmo tempo roga a outro poder chamado "Satanás" ou o "Demônio" — isso é *blasfêmia* e a sua *sinagoga* ou mente torna-se dúplice e confusa. Dizer "Acredito que Deus é Amor e a Fonte de todas as bênçãos e a Causa Suprema" e ao mesmo tempo ficar zangado e ressentido com os outros, culpando-os por sua perda ou problema, é pactuar com crenças perversas e falsas em sua mente.

*Satanás* significa um mentiroso à espreita, um adversário, uma crença falsa, alguém odiento, opositor ou contraditor. Qualquer idéia que você cultive em sua mente e que se oponha à Verdade sobre Deus é *Satanás*. O menosprezo próprio e a autocondenação admitem o acusador, que é um pensamento destruidor em sua mente, admitido ali por você e cultivado em seu reino mental. Não há lei alguma que determine que você tem de entreter um bandido, assassino, assaltante ou intruso em sua mente. Esses pensamentos negativos lhe roubarão a paz, harmonia, saúde, vitalidade e entusiasmo e o deixarão esgotado mental e fisicamente. O pensamento *satânico* é qualquer sugestão ou idéia que tenda a persuadi-lo a se afastar da crença no Poder Único e na na Causa Única. *Eu via Satanás cair do céu como um relâmpago.* (Lucas 10:18.)

O *céu* é a sua mente em paz, relativamente. Quando você permite que os pensamentos de medo, ódio, inveja etc. penetrem em sua mente, aí temos Satanás e a guerra no céu. Quando você afirma a Verdade do Ser, o pensamento errôneo se afasta; isto é, Satanás cai do céu como um relâmpago. No final, todo o mal se destrói. *A salvação é dos judeus* — isto é, a solução ou a resposta à oração vem ao homem que percebe conscientemente o Deus Interior e Sua receptividade; ele é o tipo do homem que sabe que aquilo que conscientemente deseja ser, fazer ou ter, terá uma resposta da Mente Profunda cheia de Sabedoria, Poder e Inteligência.

A *sinagoga de Satanás* representa o acúmulo ou agregado de pensamentos negativos na mente. A *congregação* representa pensamentos, sentimentos, opiniões e crenças. Se um homem diz que é judeu, e provoca o sofrimento, dor, doença e carência, na linguagem bíblica ele não é um judeu e sim pertence à *sinagoga de Satanás*, que é uma crença falsa sobre Deus, a vida, o universo e todas as coisas boas. Ele acredita na desgraça e não na fortuna. Não seremos

*31*

*judeus* se não demonstrarmos harmonia, saúde, paz, alegria e magnanimidade. Há pessoas que declaram: "Acredito que Deus pode fazer todas as coisas" e depois dizem: "Meu filho não tem salvação, vai morrer." Na verdade, estão dizendo que a Inteligência Criadora, que fez o corpo, não é capaz de curá-lo, desse modo negando a Presença e o Poder de Deus.

(10)   *Não temas nada do que terás que sofrer. Eis que o demônio fará meter na prisão alguns de vós, a fim de serdes provados, e tereis tribulação durante dez dias. Sê fiel até à morte, e eu te darei a coroa da vida.* (11)   *Aquele que tem ouvidos, ouça o que o Espírito diz às Igrejas: O que sair vencedor ficará ileso da segunda morte.*

Na oração devemos ser *fiéis até à morte;* a morte do estado antigo se dá enquanto permanecemos fiéis ao nosso ideal ou desejo em cada passo do caminho. Na oração devemos dedicar a nossa lealdade ao Poder Único, e ao darmos dedicação, fé e lealdade ao nosso desejo, o estado antigo desaparece e o novo estado ressurge. A *coroa* que recebemos é a vitória, o triunfo e a realização. Nós nos tornamos vitoriosos sobre os problemas se nos mantivermos fiéis à nossa visão ou meta, sabendo em nossos corações que, por mais negro que seja o túnel, sairemos para a luz.

O significado do versículo onze pode ser explicado da seguinte maneira: A primeira morte é a Vida ou Deus Universal assumindo a forma da criança que nasce neste mundo — é o Intangível assumindo uma forma ou a Vida tornando-se manifesta. A primeira ressurreição se dá quando despertamos para a

32

compreensão de que o nosso Consciente ou Percepção é Deus; aprendemos a ressuscitar a Sabedoria, Inteligência e Poder de Deus dentro de nós. Transformamos as nossas vidas e ambiente enquanto aprendemos que todo conceito que entretemos e a que damos atenção em nossa mente estamos criando. Em outras palavras, aprendemos a Lei da Mente Criadora; depois vem a manifestação de nossas esperanças, desejos e aspirações. A *segunda morte* se dá quando começamos a perder as nossas limitações e a morrer para o medo, a ignorância, a superstição e erros de todos os tipos, desse modo fazendo ressurgir a fé, o amor, a alegria, a felicidade, e a confiança num Princípio Eterno que nunca muda.

Os *dez dias* mencionados no versículo dez significam o tempo que levamos para chegar a um acordo entre as nossas mentes consciente e subconsciente. No número dez, o *1* representa o elemento masculino ou nossa idéia ou desejo, e o *0* representa o ventre ou a qualidade feminina em todos nós, a natureza sentimental ou emocional. Quando impregnamos de emoção a idéia, dá-se a criação, o masculino e o feminino se fundem num só e Deus aí penetra; isto é, o Poder Criador de Deus torna-se manifesto nessa união, e aparece o resultado, que é a resposta à nossa oração. *Se dois de vós se unirem entre si sobre a terra a pedir qualquer coisa, esta lhe será concedida por meu Pai, que está nos céus.* (Mateus, 18:19.)

(12) *E ao anjo da Igreja de Pérgamo escreve: Isto diz aquela que tem a espada afiada de dois gumes:* (13) *Sei onde habitas, onde Satanás tem o trono; e que conservas o meu nome e não negaste a minha fé, mesmo naqueles dias em que Anti-*

*pas, minha fiel testemunha, foi martirizado entre vós, onde Satanás habita.*

A *espada afiada* significa que uma espada corta, o que quer dizer que nós nos separamos de nossos antigos conceitos de limitação e chegamos ao lugar de decisão em nossa mente, onde a Verdade prevalece em toda a sua glória primitiva. Martirizamos Antipas, que significa a segunda visão, ou intuição, quando nos tornamos negativos e resistimos ao mal. *Não resistais ao mal* (Mateus, 5:39). Não precisamos de resistir ao mal ou Satanás, já que ele não tem poder por si. Permanecendo positivos às Verdades de Deus, todo o erro se afastará de nossa vida. A atitude mental de resistência conduz ao martírio da Sabedoria Interior, falando simbolicamente, pois a Sabedoria do Ser Subjetivo não sobe à tona da mente superficial quando esta se acha perturbada e confusa.

(17) *Aquele que tem ouvidos, ouça o que o Espírito diz às Igrejas: Eu darei ao vencedor o maná escondido, e dar-lhe-ei uma pedrinha branca e um novo nome escrito na pedrinha, o qual ninguém conhece, senão quem o recebe.*

A palavra *maná* é um símbolo da Bondade e Verdade que alimenta a alma. Há uma Sabedoria Espiritual que surge das profundezas subjetivas dentro daqueles que sinceramente A buscam e que rega e refresca a mente e dá doçura à boca. *Maná* é o derramamento da Sabedoria Divina que enche a alma de alegria. *Maná* é o pão da paz, alegria, amor, fé e confiança em Deus. É o pão bendito de Deus de que participamos quando meditamos na Verdade de Deus.

A *pedrinha branca* é a mente purificada ou limpa que se segue ao nosso banquete em Deus e Suas qualidades abençoadas. Escrevemos um *novo nome* ou natureza porque estamos completamente convencidos da Bondade e Amor de Deus. Ao nos entregarmos a um grande banquete psicológico de paz e felicidade, fazemos uma impressão profunda que fica gravada indelevelmente no consciente e tôda a nossa natureza se transforma. O homem torna-se aquilo que ele contempla; sabendo disto, qualquer pessoa pode escrever o que quiser em sua mente subconsciente, pois aquilo que sentirmos ser verdade se realizará. Ninguém poderá jamais tirar-lhe essa experiência íntima porque você provou de Deus e O achou Bom. Ninguém lhe pode dar essa experiência — você terá de recebê-la você mesmo.

(20) *Porém tenho alguma coisa contra ti, porque permites a Jezabel, que se diz profetisa, ensinar e seduzir os meus servos, para fornicarem e comerem das coisas sacrificadas aos ídolos.*

Os nossos estados de espírito, sentimentos e crenças profetizam ou determinam aquilo que está para vir. O homem com a convicção do Amor de Deus em seu coração profetiza o Bem somente, porque sabe que sua fé em Deus e em todas as coisas é sua fortuna. O estado de espírito ou atitude mental do homem é uma profecia daquilo que está para vir. Quando o homem permite que os seus cinco sentidos se desgovernem mental e emocionalmente se une ou coabita com o mal em sua mente, está *for-*

*nicando,* na linguagem bíblica. Esta é a razão da referência a ser *seduzido pela profetisa Jezabel.* Cada homem deve ser um profeta de Deus e reproduzir as qualidades, atributos e potência de Deus aqui e agora.

(22) *Eis que a reduzirei a um leito (de dor) e os que adulteram com ela se verão numa grandíssima tribulação, se não fizerem penitência de suas obras.*

Cometemos adultério quando odiamos, temos algum ressentimento, ou nos entregamos à autocrítica e autocomiseração. Se atribuirmos poder às estrelas, ao tempo, às pessoas e a entidades, estaremos *cometendo adultério,* porque nos estamos unindo mental e emocionalmente a falsas crenças. Na verdade, estamos criando ídolos em nossa mente. *Adultério* e *idolatria* são aqui sinônimos.

(23) *E ferirei de morte os seus filhos e todas as Igrejas conhecerão que eu sou aquele que sonda os rins e os corações; e darei a cada um de vós segundo as suas obras.*

Os *filhos* dos pensamentos e emoções negativos são a doença, a carência e limitações de todos os tipos. Permitir que o medo, o ódio ou o rancor nos dominem, intimidem ou assustem é coabitar com o mal no leito da nossa mente. A nossa mente subconsciente sempre exprimirá o que imprimimos nela — o bem, se for o bem, o mal, se for o mal. Não importa o que digamos com os lábios, os nossos verdadeiros sentimentos e crenças sempre se manifestam. A Bíblia diz que o adultério está no coração — o *coração* significa a sua natureza emocional e sentimental, a sua mente subconsciente. O corpo não faz nada por si — o corpo se move da maneira que é movido, o corpo age de acordo com o que atua sobre ele.

(26) *E àquele que vencer e que praticar as minhas obras até ao fim eu lhe darei poder sobre as nações;* (28) *e dar-lhe-ei a estrela da manhã.*

A *estrela da manhã* é o seu reconhecimento da Presença e do Poder de Deus dentro de você. Em seguida a essa descoberta virá o seu nascimento em Deus. A *estrela da manhã* prenuncia a aurora de um novo dia, proclamando a ressurreição do Sol, que banha o mundo com beleza e o redime das trevas e da morte. A sua convicção de que a Força Onipotente de Deus caminha agora à sua frente com majestade e poder, e sempre movendo-se a seu favor, fará com que todos os seus sonhos se realizem. Você verá que todos os seus caminhos são agradáveis e todas as suas veredas são de paz.

# CAPÍTULO TRÊS

Vejamos os versículos-chave deste capítulo, evitando ainda as interpretações dadas anteriormente.

(5) *Aquele que vencer será assim revestido de vestiduras brancas e eu não apagarei o seu nome do livro da vida e confessarei o seu nome diante de meu Pai e diante dos seus anjos.*

A expressão *vestiduras brancas* significa um estado purificado do consciente, uma mente limpa, livre de culpa, medo, rancor etc. O *livro da vida* é a sua mente subconsciente, em que todas as suas reações, sentimentos e crenças são depositados de manhã, à tarde e à noite. A sua mente subconsciente é como uma máquina registradora. Registra todos os seus estados de espírito, sensações e reações do dia. O homem sábio cuida de registrar no *livro da vida* convicções fortes, vigorosas, amáveis e harmoniosas sobre os valores construtivos da vida.

(7) *E ao anjo da Igreja de Filadélfia escreve: Isto diz o Santo e o Verdadeiro, o que tem a chave de Davi, que abre e ninguém fecha, que fecha e*

38

*ninguém abre.* (8) *Conheço as tuas obras. Eis que pus diante de ti uma porta aberta, que ninguém pode fechar; porque tens pouca força e guardaste a minha palavra e não negaste o meu nome.* (9) *Eis que te darei a sinagoga de Satanás, os que dizem que são judeus, e não o são, mas mentem; eis que farei com que eles venham e se prostrem a teus pés; e conhecerão que eu te amei.*

*Davi* representa o Amor Divino individualizado no consciente do homem.

A *chave de Davi* é a consciência do Amor de Deus que mora em seu coração, e que dissolve tudo o que não é igual a si. Um homem que freqüentou o nosso curso sobre o livro da Revelação me disse que tinha perdido 20 mil dólares em um negócio — uma perda total. Ele ouviu o significado do versículo oito e disse consigo mesmo: "De que modo posso capitalizar o meu prejuízo?" Tomou uma atitude positiva e declarou, com audácia: "A Inteligência Infinita está abrindo uma nova porta de expressão para mim, e eu acompanho a orientação e direção que me vêm." Passados alguns dias, ele teve uma nova idéia. O sogro financiou-o no mesmo negócio e, aplicando a nova idéia ao negócio, ele progrediu de maneira maravilhosa. Aproveitou seu erro e capitalizou o seu insucesso nos negócios.

O termo *judeu* no versículo nove já foi explicado. Você é um *judeu* quando está liberando os seus poderes ocultos e enchendo cada dia com mais belas experiências no amor e na vida.

(12) *Ao que vencer, fá-lo-ei uma coluna no templo do meu Deus, e não sairá jamais fora; e escre-*

*verei sobre ele o nome do meu Deus e o nome da
cidade do meu Deus, a nova Jerusalém, que desce
do céu, vinda do meu Deus, e o meu novo nome.*

A verdadeira prova da verdadeira fé e confiança é aquilo que o homem faz sob pressão ou quando ele se depara com uma situação aparentemente impossível. A tendência de muitos é fugir, desistir e entregar-se. Só há um meio de se encarar qualquer problema, que é como um campeão. Você pode vencer todas as dificuldades por meio do Poder e da Sabedoria de Deus. Saber isso é instilar coragem e fé na sua vida. Nunca permita que um obstáculo, revés ou decepção o detenham. Se você continuar a imaginar a solução harmoniosa, o final feliz, sabendo que a Força Onipotente o está apoiando, você chegará a um ponto de convicção interior, que é a *coluna no templo de Deus.* Uma coluna significa um estado de espírito fixo e imóvel, representando a sua fé absoluta na Lei de Deus e em Sua resposta à sua oração. Você *não sairá jamais fora* no sentido de que você não procura mais aquilo que já tem. Quando você chega ao ponto da certeza íntima, não há mais nada a fazer. Você terá escrito *um novo nome,* um novo conceito, uma planta de si em sua Mente Profunda. Você muda o seu nome quando começa a agir segundo o seu conhecimento do Espírito dentro de você, produzindo o Amor, a Paz, a Alegria e a Felicidade.

(15) *Conheço as tuas obras, que não és nem frio nem quente; oxalá foras frio ou quente.*

Este versículo é muito importante porque nos mostra que devemos deixar de vacilar, hesitar, estremecer e palpitar, e chegar a uma decisão definida de

40

que só existe um Poder Supremo que é um Deus de Amor, que está sempre procurando exprimir-se por meio de nós. Muitas pessoas se entusiasmam durante algum tempo com o poder criador do pensamento; depois desaparecem até o problema seguinte. Outros dizem "É bom ouvir isso" e nunca fazem nada com as Verdades que ouvem. Outros dizem "Ah, isso não funciona; já o experimentei."

Quando tentamos misturar as velhas idéias com o novo conceito de Deus e Suas Leis, não chegamos a parte alguma e ficamos mornos. Temos de nos entusiasmar com a nova interpretação da Vida. Temos de dar a nossa lealdade completamente ao Poder Supremo dentro de nós, e alegrar-nos por termos descoberto a força de nosso pensamento para nos dar saúde ou doença, paz ou tristeza, fortuna ou pobreza. Devemos alegrar-nos por trabalhar *com* o nosso subconsciente, e não *contra* ele. Certamente devemos ficar empolgados por saber como funciona a mente e começarmos agora a transmitir à nossa mente subconsciente pensamentos e imagens mentais dinâmicas, amáveis, positivas e altamente produtivas. Não devemos hesitar nem um instante para nos resolvermos.

(18) *Aconselho-te que me compres ouro provado no fogo, para que te faças rico e te vistas de roupas brancas, e não se descubra a vergonha da tua nudez, e unge os teus olhos com colírio, para que vejas.*

O *ouro* mencionado é o Poder de Deus em ação na sua vida. *Ungir os teus olhos com colírio* significa desenvolver as suas faculdades intuitivas, às vezes chamadas de *terceira visão*. Existem poderes extra-sensoriais em todos nós e você pode obter orientação e iluminação em qualquer assunto. Ao desenvolver a intuição você nunca deve usar a força ou a coação mental. Elimine toda a ansiedade e tensão. Esta significa que você está cheio de medo e tal atitude impede que a Sabedoria de Deus suba à superfície da mente sob a forma de sentimento, palpite, intimação, impulso ou pressentimento. A sua voz intuitiva, se você a receber com fé e confiança, lhe dá uma forte sensação de que deve fazer isto ou aquilo, ou fazer um certo contrato. Quando você reza por orientação, virá uma sugestão. Você deve reconhecer essa sugestão e segui-la. Exercite-se imediatamente para escutar a sua intuição e reagir ao seu impulso interior, e você aumentará grandemente o seu sucesso em todos os setores do empreendimento. Você passará a reconhecer a Voz interior pela experiência, confiando em Deus em todas as ocasiões para conduzi-lo e guiá-lo.

Vou ilustrar como funciona essa intuição. Um ministro meu amigo perguntou-me se eu achava que a igreja que ele dirigia devia comprar outra propriedade, que ia vagar. Eu disse a ele:

— Vamos rezar e seguir a indicação que aparecer.

Não aconteceu nada durante alguns dias; depois ele me telefonou, dizendo que iam ter uma reunião de conselho para resolver se deviam comprar ou não. Enquanto ele falava, eu "senti" que a resposta era "Não" e ele disse:

*42*

— Sabe, sinto que a resposta é "Não".
Os fatos subseqüentes provaram que ele tinha razão.

A sua intuição funciona — se você lhe der a oportunidade de reagir, mantendo um estado de espírito positivo e receptivo. Você nunca deve tentar forçar as suas próprias opiniões ou influenciar o impulso da intuição de maneira alguma. Ao desenvolver a intuição, você utiliza a razão e a lógica tanto quanto possível; depois você passa a questão para a mente mais profunda, com fé e confiança, sabendo em seu íntimo que a resposta sempre aparece. Você reconhecerá a solução por um palpite ou sensação dominadora, um conhecimento mudo e íntimo da alma, uma sensação de certeza íntima.

(20) *Eis que estou à porta e bato. Se alguém ouvir a minha voz, e me abrir a porta, entrarei nele e cearei com ele e ele comigo.*

Deus está sempre batendo à porta do seu coração, como um desejo. Se você abrir a porta, quer dizer, se você receber bem o desejo em sua mente e o tratar cordial e amavelmente, conseguirá tornar-se um com ele, mental e emocionalmente. Você está ceando com o seu desejo quando se regala com alegria sobre a realidade do seu desejo. A Presença Salutar está sempre batendo à sua porta e, se você abrir a sua mente e seu coração, e escutar a Voz da Verdade, terá uma cura perfeita.

Um homem em uma de nossas palestras sobre a Bíblia contou-me que o filho dele ficara com um dedo torto, num acidente. Todas as noites ele imaginava um dedo perfeito na mão do menino, alegando que havia uma idéia perfeita de um dedo na Men-

*43*

te de Deus. Antes de adormecer, ele ouvia o filho dizer-lhe, alegre: "Papai, olhe para o meu dedo, está perfeito!" Depois de um mês o dedo do menino estava completamente reto.

Lembre-se de que o Espírito está sempre batendo à porta, e o trinco abre do lado de dentro. Nós expulsamos o Visitante Sagrado toda vez que deixamos de ter fé e confiança no Poder Espiritual como sendo Supremo e Soberano. Se dermos poder a outras coisas, a pessoas, condições e circunstâncias, estaremos expulsando o Visitante. Se dissermos "Não posso" ou "Sou incurável", estaremos na verdade rejeitando a Presença de Deus que nos vem como um desejo de saúde perfeita e harmonia. Sempre sabemos se deixamos entrar ou não o Visitante Sagrado em nosso coração, por nossa atitude, comportamento, firmeza e equilíbrio.

Uma radiouvinte escreveu-me, dizendo que um de seus inquilinos era turbulento, grosseiro, barulhento e tinha brigas de bêbado no apartamento, aborrecendo todos os outros moradores. E ele se recusava a sair de lá. Ela acalmou a sua mente, escutou o passo suave do Convidado Invisível e deu-lhe as boas-vindas. Disse ela que os pensamentos que a estavam intimidando e dominando deixaram-na completamente quando ela se voltou para o Espírito interior. Ela declarou que a Presença de Deus estava onde estava aquele inquilino e que ele estava em seu verdadeiro lugar, liberando-o completamente para o oceano do Amor Infinito. Ela rezou assim até conseguir a reação satisfatória, que quer dizer a paz e tranqüilidade interiores. O homem pagou o aluguel, saiu sossegado e ela atraiu um inquilino muito espiritualizado.

# CAPÍTULO QUATRO

(1) *Depois disto olhei, e eis que vi uma porta no céu, e a primeira voz que ouvi era como de trombeta que falava comigo, dizendo: Sobe aqui e mostrar-te-ei as coisas que devem acontecer depois destas.* (2) *E logo fui arrebatado em espírito; e eis que* (vi) *um trono que estava colocado no céu, e sobre o trono estava alguém sentado.* (3) *E aquele que estava sentado no trono era no aspecto semelhante a uma pedra de jaspe e de sardônica; e em volta do trono estava um arco-íris, que se assemelhava à cor de esmeralda.* (4) *E em volta do trono estavam vinte e quatro tronos; e sobre estes tronos achavam-se sentados vinte e quatro anciãos, vestidos de roupas brancas, e tendo nas suas cabeças coroas de ouro.*

Este é um maravilhoso capítulo para meditação. Quando fechamos os olhos e acalmamos a mente, pensando na Infinita Presença Salutar dentro de nós, ausentamo-nos do corpo (problemas, dificuldades, doença etc.) e estamos presentes com o nosso

45

Senhor ao contemplarmos a solução de nossos problemas pela Sabedoria e Poder de Deus. Fechamos a porta dos sentidos que dá para o mundo exterior e abrimos outra porta para dentro, para o reino subjetivo, para o *céu*. A *trombeta*, que você ouve, representa o seu tom, estado de espírito ou sentimento interior, que se torna exultante, enobrecedor e inspirador, quando você contempla o seu bem. Esta é a *voz da trombeta*. A sua fé e convicção são uma profecia do que está por vir.

*Mostrar-te-ei as coisas que devem acontecer depois destas;* quer dizer, que na meditação você pode ter uma previsão das coisas futuras, pode ver a resposta à sua oração antes de experimentá-la objetivamente. Na oração você chama coisas que não existem como se existissem, e o que não é visto se torna visto.

Expliquei esses versículos em nossa turma sobre o livro da *Revelação*, e uma jovem atriz, que disse ter chegado ao fim da resistência, experimentou o seguinte durante o período da oração: Começou a imaginar que tinha nas mãos um contrato; começou a senti-lo e a dar graças, dizendo para si: "Agora é meu. Tenho tanta coisa a dar." Ela conviveu com a imagem mental da aceitação, sabendo que, tendo visto e sentido sua realidade na mente, ela o experimentaria objetivamente. Dentro de um mês ela conseguiu o contrato. Teve uma previsão daquilo que se realizaria no futuro próximo no plano tridimensional da vida.

O trono mencionado nesses versos significa a sua autoridade e a sua compreensão das leis espirituais e mentais. Você tem a autoridade para se unir mental e emocionalmente com o seu bem, sabendo que a lei criadora da sua mente fará com que isso se realize. Você está sempre no *trono de Deus*, pois Deus é Onipresente, e a sua separação da Sua Presença é puramente de pensamento e crença. O *arco-íris em volta do trono* representa a sua aliança ou acordo com o seu bem; é simbólico das sete cores do espectro solar, produzidas por diferentes graus de vibração da energia universal, que no final resultam no universo visível. Quando passamos pelos sete graus de oração já mencionados, o arco-íris está em volta de nós porque estamos refletindo a nossa fé na Presença de Deus interior do mesmo modo que a água age como prisma ao transmitir a luz do sol. O *jaspe* e a *sardônica* representam o poder e domínio sobre os nossos pensamentos.

Os *vinte e quatro anciãos* representam todas as suas faculdades, sentimentos e atitudes reunidas na contemplação da Presença e Poder de Deus. As nossas doze faculdades da mente que olham para fora devem olhar para dentro — isso representa a disciplina das nossas faculdades mentais que são coroadas de ouro. O *ouro* simboliza o poder, e quando aprendermos a disciplinar as nossas faculdades mentais, poderemos usar mais o Poder de Deus e Sua Sabedoria. Há vinte e quatro horas no dia. As nossas doze faculdades mentais funcionam durante as doze horas do dia, e quando dormimos as mesmas faculdades funcionam durante as doze horas da noite.

(5) *E do trono saíam relâmpagos e vozes e trovões; e diante do trono estavam sete lâmpadas ardentes, que são os sete espíritos de Deus.*

Os *relâmpagos* e *trovões* significam o movimento da consciência, do estado não-condicionado ao condicionado. No ato criador mental e espiritual, passamos pelas sete qualidades ou graus de sentimento, chamados os *sete espíritos de Deus.*

(6) *E defronte do trono havia um como mar de vidro, semelhante ao cristal; e no meio do trono e em volta do trono, quatro animais cheios de olhos por diante e por detrás.* (7) *E o primeiro animal era semelhante a um leão, o segundo animal semelhante a um novilho e o terceiro animal tinha o rosto como de homem e o quarto animal era semelhante a uma águia voando.* (8) *E os quatro animais tinham cada um seis asas; e em volta e por dentro estavam cheios de olhos; e não cessavam dia e noite de dizer: Santo, Santo, Santo é o Senhor Deus Onipotente, que era, que é, e que há de vir.*

O *mar de vidro* simboliza a mente em paz, sintonizada com o Infinito. Os *quatro animais* significam a constituição quádrupla do homem; também representam os quatro cavalos, a natureza espiritual, mental, emocional e física do homem.

Há outra propriedade do algarismo quatro que nos mostra a natureza de um sólido, deste modo revelando-nos a história da criação. Pois sob o título de *um* está o que em geometria se chama de ponto; sob o *dois* está a linha. Se o *um* se estender, forma-se o *dois;* se um ponto se estender, forma-se uma linha: uma linha é extensão sem largura. Se se acrescentar a largura, resulta uma superfície, que vem sob a categoria de *três.* Para fazer de um plano um sólido,

*48*

é preciso uma coisa: profundidade — e essa adição ao *três* produz o *quatro*.

Há quatro estágios para se produzir um sólido; o mesmo se aplica a todo o resto. Temos a semente, o solo, a essência criadora, e a planta. Ao fazer a água no laboratório químico temos o hidrogênio, o oxigênio, a centelha elétrica e a água. O algarismo quatro pode ser dramatizado de muitas maneiras, com as quatro estações do ano, quatro fases da Lua, os quatro naipes do baralho, as quatro virtudes — a prudência, o autodomínio, a fé e a justiça — e os quatro elementos: fogo, água, ar e terra.

Os quatro animais podem ser explicados como os quatro signos fixos do Zodíaco: Leão, Touro, Aquário e Escorpião. *Leão* representa o Poder Espiritual e *Touro* significa o bezerro ou novilho, o animal de carga. Trabalhamos com o nosso desejo para fazer com que ele se realize. *Aquário* (o homem) significa o carregador de água. *Água* significa a Verdade, o que quer dizer que meditamos sobre a realidade do nosso desejo despejando água ou o sentimento sobre o nosso ideal. Imaginamos o final feliz, permanecendo leais e dedicados ao nosso ideal. *Escorpião* representa a impregnação de nosso subconsciente ou o estado completo. Poderíamos explicar esses quatro animais como quatro fases do consciente, a saber: consciente ou espírito, desejo, sentimento e realização.

No versículo oito, *seis asas* referem-se aos seis dias da criação, ou o tempo necessário para impregnar a mente subconsciente ou chegar ao ponto de total aceitação mental. Temos de trabalhar com afinco em todas as fases de nossa vida para banir o negativismo e o pensamento destruidor de todo tipo.

*49*

Devemos vigiar os nossos pensamentos, idéias, opiniões e reações e fazer com que nada atravesse o limiar de nossa mente que não seja aquilo que encha a nossa alma de alegria. Devemos trabalhar mentalmente pela oração até alcançarmos o Sábado ou o sétimo dia, que é a certeza íntima e a calma tranqüila que se segue à oração. O *sétimo dia* ou os *Sete Espíritos* referem-se aos seis dias ou seis passos que levam ao sétimo dia de repouso ou convicção. Vemos que na Bíblia há referências constantes ao *seis*, como os seis degraus do trono de Salomão e as seis talhas de água na festa das bodas de Caná. Todas essas referências significam a mesma coisa, pois a Bíblia utiliza coisas exteriores e concretas para representar movimentos interiores da consciência.

As *asas* permitem que você se eleve acima das tormentas da vida. Com a sua compreensão da oração você pode ser um pára-quedista e voar sobre a sua dificuldade para um porto de repouso e segurança — a Presença de Deus dentro de você. Nessa fortaleza inexpugnável ninguém o poderá sitiar. Ali você forma, molda e dirige o que está por vir e, adaptando a sua mente às Verdades de Deus, pode produzir uma resposta perfeita para a sua oração.

Dizer *"Santo, Santo, Santo"* é, em nossa moderna maneira de falar, ver a Integridade, a Beleza e a Perfeição de Deus por toda parte, em todas as pessoas, em vez de aceitar a aparência da discórdia. *Que era, que é, e que há de vir* significa que as verdades de Deus não mudam — são as mesmas ontem, hoje e para sempre. Você está agora vivendo na Eternidade e no processo da oração não tenta criar nada — apenas se identifica com aquilo que sempre foi, é agora e há de ser sempre.

*50*

# CAPÍTULO QUINTO

(1) *E vi na mão direita do que estava sentado sobre o trono um livro escrito por dentro e por fora e selado com sete selos.* (2) *E vi um anjo forte que bradava: Quem é digno de abrir o livro, e de desatar os seus selos?* (3) *E ninguém podia, nem no céu, nem na terra, nem debaixo da terra, abrir o livro, nem olhar para ele.*

O livro escrito por dentro e por fora é você. Todos os pensamentos, crenças, opiniões, teorias ou dogmas que você escrever, gravar ou imprimir em seu consciente, você os experimentará como a manifestação objetiva das circunstâncias, condições e fatos. O que escrevemos no interior, experimentamos no exterior. Temos dois aspectos de nossa vida, o objetivo e o subjetivo, o visível e o invisível, o pensamento e sua manifestação.

Os *sete selos* são sete estados de consciência. O nosso conceito passa por sete estados de percepção em que espiritualizamos os nossos cinco sentidos

*51*

voltando-nos para dentro, para o Poder Espiritual; então fazemos com que a nossa mente consciente e subconsciente concorde e sincronize. Quando não há mais dúvida em nossa mente consciente ou subconsciente, a nossa oração é atendida. Você rompe os *sete selos* quando disciplina os seus cinco sentidos e faz com que as duas fases de sua mente concordem. Existem *sete selos*. O primeiro é a visão — e significa ver a Verdade em qualquer situação, como a saúde perfeita onde houver doença. O segundo é a audição: você ouve as boas novas ao dar atenção à sua visão da saúde O terceiro é o olfato: você cheira a Verdade, chegando a uma conclusão positiva de que o Deus que fez o corpo pode curá-lo e você rejeita todos os outros alimentos, tais como os conceitos falsos e as idéias preconceituosas. O quarto selo é o paladar: você prova a Verdade, apropriando-se da idéia em sua mente, por meio da meditação, e ocupando a mente com freqüência com o resultado perfeito daquilo que você deseja. O quinto selo é o tato: você toca na realidade da sua oração ao sentir a alegria da oração atendida. Os dois outros selos, a saber, a sua mente consciente e a subconsciente, significam que quando você consegue disciplinar os seus cinco sentidos, os princípios masculino e feminino em sua própria mente começam uma interação harmoniosa — realiza-se um casamento perfeito entre o seu desejo e a sua emoção, e dessa união nasce um filho, que é a solução do seu problema.

Você é digno de *abrir* o *livro* quando dá atenção ao Princípio Criador dentro de si, utilizando-o devidamente. Você então começa a libertar os tesouros ocultos de saúde, harmonia, paz e beleza de sua vida.

(5) *Então um dos anciãos disse-me: Não chores; eis que o Leão da tribo de Judá, a estirpe de Davi, venceu de maneira a poder abrir o livro e desatar os seus sete selos.*

O *Leão da tribo de Judá* pode desatar os sete selos — o leão é o rei das selvas. O homem também é um rei quando ele desperta para o Poder de Deus dentro de si; pode tomar posse de seu reino de conceitos, regular suas emoções e reações e recusar passaporte a qualquer pensamento negativo, que queira entrar em sua mente. Pode promulgar decretos e ordens que devem ser obedecidos implicitamente porque ele sabe que o que quer que decrete com fé e confiança a sua mente subconsciente tornará válido, respeitará e fará aparecer em sua experiência objetiva. O poder do homem de pensar, imaginar e sentir construtivamente lhe dá poder sobre todas as condições no seu mundo; ele pode *desatar os selos* que estavam cobertos e selados pela ignorância, pelo medo e pela superstição.

(6) *E olhei, e eis que no meio do trono e dos quatro animais e no meio dos anciãos estava de pé um Cordeiro como morto, o qual tinha sete chifres e sete olhos, que são os sete espíritos de Deus, mandados por toda a terra.*

O *Cordeiro* é um antigo símbolo do primeiro signo do zodíaco. O zodíaco significa o seu consciente ou o infinito, onde se acham todos os tons, estados de espírito, sentimentos e vibrações. Você pode tocar qualquer tom, pois o homem é o teclado infinito de Deus. Que tom você toca? Sugiro que você toque a melodia de Deus, batendo as teclas da sabedoria, verdade e beleza; da harmonia, saúde e paz;

da alegria, integridade e perfeição. O *Cordeiro* significa que o seu Consciente está sempre morrendo para o velho e ressuscitando para novas convicções de saúde, riqueza etc. Se estiver doente, você pode separar-se do estado de moléstia e regalar-se mentalmente com a Verdade de que Deus é Harmonia Absoluta e a Perfeição Absoluta, e, ao fazer isso, o velho estado morre e nasce o novo estado de consciência.

Quando o Sol atravessa o equador, no dia 21 de março, chamado o ingresso de Áries, os antigos diziam: "Este é o Cordeiro de Deus que tira os pecados do mundo", pelo simples motivo de que, quando o Sol passa pelo equador na primavera, ressurgem todas as sementes geladas na terra durante os longos meses de inverno, e o deserto se regozija novamente e desabrocha como a rosa. Toda a natureza se regozija quando o brilho, o calor e a radiosidade da luz solar redimem o mundo das trevas do inverno para a alegria e o entusiasmo da primavera. Chamava-se o *Cordeiro* porque o Sol entrava no signo do Carneiro, ou cordeiro; simbolicamente, é a sua mente ou inteligência iluminada pela luz ou Sabedoria de Deus.

Você possui essa Sabedoria quando sabe que a Força Onipotente de Deus flui pelos seus processos mentais e imagens mentais; portanto, você começará a reproduzir as qualidades, atributos e potencialidades de Deus por meio de seus processos de pensamento construtivos. O homem cria, do mesmo modo que Deus cria. Deus se imagina ser alguma coisa; depois Ele se torna aquilo que imagina ser.

Os *sete chifres* e *sete olhos* são os sete poderes e sete percepções já explanados neste capítulo.

(8) *E, tendo aberto o livro, os quatro animais e os vinte e quatro anciãos prostraram-se diante do Cordeiro, tendo cada um cítaras e taças de ouro cheias de perfumes, que são as orações dos santos.*

As taças de ouro cheias de perfume são o estado fragrante, a reação que satisfaz. Você não pode reprimir a alegria que surge quando consegue sentir a realidade daquilo por que rezou. Você tem uma cítara porque a oração é a música da alma. Quando você caminha pela terra, a luz de Deus anda à sua frente, atrás de você, à direita e à esquerda, acima e abaixo de você — são essas também as *seis asas* ou as seis maneiras de Deus rodeá-lo. Os quatro poderes estão com você e cada qual tem seis asas.

(11) *E olhei e ouvi a voz de muitos anjos em volta do trono e dos animais e dos anciãos; e era o número deles milhares de milhares.*

Os milhares de milhares mencionados representam as centenas de milhares de pensamentos em sua cabeça — nem todos construtivos. Por exemplo, você pode dizer "Tenho medo, não posso, sou fraco, ressinto-me contra isso", etc. Quem está falando? Não é o Infinito em você, nem o verdadeiro Ser. Todos esses pensamentos devem morrer e você deve começar a pensar, falar e agir do ponto de vista da Bondade Infinita de Deus, da Inteligência Infinita de Deus, do Amor Ilimitado de Deus e da Onipotência do Ser Infinito. Ao fazer isso, você começará a ouvir a *voz dos anjos.* Um *anjo* é um mensageiro de Deus ou a Verdade de Deus operando em sua mente. Os muitos anjos operando em sua mente são a fé, confiança, amor, alegria, boa vontade, entusiasmo e compreensão. Os anjos são atitudes da mente ou estados de consciência. Um anjo também é uma idéia ou desejo que você tenha. Dê atenção ao anjo, identifique-se com ele mental e emocionalmente, e a coisa se realizará por meio da lei criadora de sua mente.

# CAPÍTULO SEIS

(1) *E vi que o Cordeiro tinha aberto um dos sete selos, e ouvi que um dos quatro animais dizia, como em voz de trovão: Vem e vê. (2) E olhei; e vi um cavalo branco, e o que estava montado sobre ele tinha um arco, e lhe foi dada uma coroa, e saiu como vitorioso, para vencer. (3) E tendo aberto o segundo selo, ouvi o segundo animal, que dizia: Vem e vê. (4) E saiu outro cavalo vermelho; e ao que estava montado sobre ele foi dado o poder de tirar a paz da terra, a fim de que se matassem uns aos outros, e foi-lhe dada uma grande espada.*

Os Quatro Cavaleiros do Apocalipse são na verdade os quatro animais de que falamos, e os quatro animais em atividade dentro de nós tornam-se os quatro cavalos. Nós tomamos consciência do funcionamento de nossa mente compreendendo o significado desses símbolos pitorescos. Não devemos considerar como história coisa alguma no *Livro da Revelação*, pois ele é puramente alegórico e místico. É por isso que é ininteligível para a pessoa média, pois o seu assunto é velado numa linguagem simbólica. Nos tempos antigos, o segredo era sempre guardado com relação à ciência sagrada, com o objetivo único de guardá-la e preservá-la dos ditadores, déspotas e tiranos, bem como dos que eram considerados indignos de recebê-la.

Os *Quatro Cavaleiros* representam os quatro elementos da nossa natureza, como os aspectos espiritual, intelectual, emocional e físico de nosso ser. O *cavalo branco* simboliza a Presença Divina em você, Deus, EU SOU, e o Ser Superior, a sua natureza espiritual. Você monta no *cavalo branco* quando compreender que a sua própria Consciência ou Percepção é a única Causa, Substância e Poder. Quando você confia completamente na Presença de Deus, quando dá toda a sua lealdade e todo o seu devotamento à soberania e supremacia do Poder Único, você está realmente montando o *cavalo branco*.

O *arco* mencionado refere-se ao arco e flecha que simboliza a *palavra* que você envia. A *palavra* é o seu pensamento e sentimento íntimo que você envia. Em outras palavras, se você tiver uma idéia, esta é a flecha que você aponta para a "mosca" do alvo. Se você acertar o alvo, muito bem. As nossas orações são atendidas conforme a nossa fé; portanto, todas as orações são atendidas no nível de nosso consciente. A palavra pronunciada em voz alta ou baixa não nos volta vazia, pois, segundo a nossa crença, assim nos será feito. Quando você monta no *cavalo branco*, usa uma *coroa*, que simboliza vitória, realização, feitos. Quando você supuser que a Força Onipotente se movimenta a seu favor, será sempre o vitorioso. Não existe um poder que desafie Deus ou o Espírito, que sempre se move como uma unidade. Quando você reza ou pensa, compreenda que é a Onipotência pensando em você e não há nada que desafie o Poder Único. Faça isso e maravilhas acontecerão, quando você rezar.

As escrituras orientais referem-se ao *cavalo branco* da seguinte maneira: "Prajapati disse: Quem a Ti (Deus) procurar, sob a forma de um *cavalo branco* Te encontrará". Segundo as antigas lendas védicas, o Sol era chamado de cavalo do zodíaco, que morria para salvar toda a carne. Esta é mais uma forma da grande alegoria do Sol, comum a todas as religiões do mundo. O nascimento, morte e ressurreição do Sol representam a mente despertando para o Deus interior; depois a morte da ignorância, do medo e da carência — e a ressurreição das qualidades e potencialidades de Deus se realiza É disso que trata a religião.

O *cavalo vermelho* simboliza a mente vitalizada por um desejo forte e maravilhoso de ser, de fazer e ter. O desejo é a base de todo modo concebível de vida. O desejo é a mola mestra de toda ação; é a causa de todo sentimento e ato. Quando você deseja, quer produzir algo que só existe em sua mente. O desejo é a base de todo progresso; é a força por trás de todas as coisas. O desejo indica uma preferência por uma coisa em vez de outra; implica uma seleção. O desejo é a Voz de Deus em você, dizendo-lhe que se eleve mais. O desejo e a realização estão unidos como causa e efeito. Quando temos um desejo, há luta em nossa mente, porque nos achamos num estado dividido. A *espada* do Espírito significa a percepção do Poder Espiritual que dissipa toda a negação na mente e traz a paz.

A dúvida, o medo, as crenças tradicionais e preconceituosas, a prova dos sentidos, os veredictos do mundo e as circunstâncias nos desafiam em nossa mente. Devemos usar a espada da Verdade compreendendo que podemos vencer todos os problemas com o que sabemos. A nossa confiança e fé derivam da percepção do Poder Espiritual e da sua receptividade a nós e ao que nós pedimos, acreditando que receberemos. Você *monta no cavalo vermelho* quando sabe que o Deus que lhe deu o desejo é o mesmo Deus que o satisfaz, e é fácil ao Pai Interior realizar isso. Você agora está armado com a espada da Verdade que decepa a cabeça dos pensamentos negativos, permitindo-lhe elevar o seu ideal ao ponto de aceitação. O estado velho está morto — e eis o novo!

(5) *E, tendo aberto o terceiro selo, ouvi o terceiro animal, que dizia: Vem ver. E vi um cavalo negro; e o que estava montado sobre ele tinha na sua mão uma balança.* (6) *E ouvi como que uma voz, no meio dos quatro animais, que dizia: Uma medida de trigo por um dinheiro, três medidas de cevada por um dinheiro, mas não causes dano ao vinho nem ao azeite.*

Um dos significados de *cavalo negro* é o falso conhecimento e a ilusão é o cavaleiro. Mas agora você está positiva e definitivamente chegando a uma decisão ou um estado de equilíbrio em sua mente. O *trigo* e a *cevada* são substâncias de pão, significando o alimento do mundo ou as crenças preconceituosas. Medimos isso com uma medida pequena, não dando poder algum ao medo, à dúvida e às idéias preconceituosas; então a limitação ou o problema morrem

**60**

de fome, pois jejuamos do medo e das falsas crenças e nos regalamos com a fé e a confiança no Poder Único que faz todas as coisas. Pesamos todas as coisas raciocinando espiritualmente, sabendo em nosso íntimo que o medo, a dúvida e a preocupação não têm poder, nenhum princípio por trás deles, nada que os sustente, e que são um aglomerado de sombras sinistras na mente, uma ilusão de poder.

Você monta o terceiro cavalo quando olha para o seu desejo e o pesa no estado de espírito de receptividade, dizendo decidida e incisivamente a si mesmo: "Isto vou aceitar. Vou imaginar, sentir e continuar a ouvir as boas novas da possibilidade da realização do meu desejo e farei com que aconteça." Você baixou o braço da balança a favor do seu desejo, e em sua mente não há discussão. Você monta o cavalo negro como um cavaleiro exímio quando dá atenção às boas novas em vez de à limitação e à negação. Nós não desperdiçamos o *azeite e o vinho*, o que é uma exortação para protegermos o crescimento do amor (*azeite*) para Deus e o Bem, e da sabedoria (*vinho*) que é uma percepção da Presença e Poder de Deus e do modo de libertar os tesouros ocultos.

(7) *E, tendo aberto o quarto selo, ouvi a voz do quarto animal, que dizia: Vem ver.* (8) *E apareceu um cavalo amarelo; e o que estava montado sobre ele tinha por nome Morte e seguia-o o Inferno, e foi-lhe dado poder sobre as quatro partes da terra, para matar à espada, à fome, e com a morte natural, e por meio das feras da terra.*

O *cavalo amarelo* significa a morte, isto é, a morte do velho estado e o nascimento do novo. Quando alguma coisa morre, algo nasce. Todo fim é um princípio. Antes que alguma coisa seja criada, algo deve ser destruído. Você deve manter a idéia ou desejo em sua mente até não o desejar mais. O desejo agora está morto, assim como uma semente sofre a dissolução no solo, doando ou liberando a sua energia para outra forma de si mesma. O seu desejo penetrou nas camadas mais profundas da mente subconsciente, e o novo estado agora aparecerá. Você deve morrer para a sua limitação atual antes de poder viver para aquilo que deseja ser. O *Inferno* mencionado no versículo oito significa Hades, a morada dos mortos, ou o ser subjetivo onde o velho estado é consumido e nasce o novo. Por meio da oração, você muda a mente subconsciente; então desaparece o estado ulceroso ou canceroso. Seja qual for o problema ou a dificuldade, deve-se a um padrão negativo na mente subconsciente, e quando modificamos o subconsciente, a manifestação objetiva deve desaparecer.

A *quarta parte* mencionada significa o seu corpo, ambiente, condições e circunstâncias. Quaisquer problemas que você possa ter em qualquer fase de sua vida podem ser transformados com a espada da Verdade, pelo jejum mental do problema e regalando-se até se saciar com a solução; depois ocorre a morte ou dissolução do velho, e o Ser Infinito renova todas as coisas.

(9) *E tendo aberto o quinto selo, vi debaixo do altar as almas dos que tinham sido mortos por causa da palavra de Deus, e por causa do testemu-*

*nho que tinham dado;* (10) *e clamavam em voz alta, dizendo: Até quando, Senhor santo e verdadeiro, dilatas tu o fazer-nos justiça e vingar o nosso sangue dos que habitam sobre a terra?*

No mundo exterior, a vingança significa desforrar-se uma pessoa de alguém que a tenha prejudicado; então aquele que a prejudicou tornará a vingar-se para procurar *ficar quite.* E assim aquilo se torna um círculo vicioso que não acaba nunca. Na Bíblia, *vingança* significa o equilíbrio ou a reivindicação da Verdade. *A mim pertence a vingança, eu retribuirei,* diz o Senhor (Rom. 12:19). O Senhor é o nosso consciente: a vingança se dá no consciente quando expulsamos a inveja, o ciúme e outros estados negativos (*vi debaixo do altar as almas dos que tinham sido mortos*) e os substituímos por valores espirituais — as verdades eternas. Nós nos elevamos em consciência contemplando a Deus, nós ficamos quites, isto é, conseguimos o equilíbrio, entramos na paz.

Se alguém o magoou, compreenda que você, por meio do seu próprio processo de pensamento, magoou a si mesmo, permitiu que os seus próprios pensamentos e emoções se descontrolassem. Se você agora estiver zangado com alguém, reze da seguinte maneira: "A Harmonia, a Paz e o Amor de Deus que percorrem o meu ser agora também estão agindo sobre a outra pessoa." Continue a fazer isso freqüentemente e verá que todas as raízes da má vontade e hostilidade em seu subconsciente murcharão e você estará livre. Você defendeu a Verdade, e a Verdade o liberta. Isto é a vingança devidamente compreendida

(12) *E olhei, quando ele abriu o sexto selo; e eis que sobreveio um grande terremoto, e o sol se tornou negro como um saco de crina; e a lua se tornou toda como sangue;* (13) *e as estrelas caíram do céu sobre a terra como a figueira, ao ser agitada por um forte vento, deixa cair os seus figos verdes.*

Seis é o número da criação, e quando a sua oração é atendida há sempre um terremoto, porque há uma dissolução do velho estado antes de surgir o novo. A hora mais escura é a hora antes do amanhecer. O Sol e a Lua são símbolos antigos da mente consciente e subconsciente. Quando uma mulher dá à luz, saem dela sangue e água. Ela se esquece das dores do parto e perde-se na alegria de contemplar o recém-nascido. Tudo isso é simbólico do nascimento de uma nova percepção em nós. O *saco de crina* mencionado no versículo doze significa disciplinar os seus pensamentos afastando-se das tentações das provas dos sentidos e depositando toda a sua confiança no Divino. *Para mim converteste o meu pranto em dança, tu desataste o meu saco* (de penitência) *e cingiste-me de alegria* (Salmos 29:12).

A *figueira* é um símbolo do doce fruto da Árvore da Vida. O fruto do Espírito é a caridade, o gozo, a paz, a paciência, a benignidade, a bondade, a longanimidade, a mansidão, a fidelidade, a modéstia, a continência, a castidade. Contra estas coisas não há lei (Gal. 5:22-23). *Quando os figos verdes caem da figueira,* os que ficam são os melhores. O mesmo se dá em nossa mente, nós fertilizamos e damos atenção somente aos conceitos e idéias que fortalecem, curam, abençoam e nos inspiram; selecionamos o nosso desejo supremo, nós o subjetivamos, o

64

plantamos, pomos a nossa atenção sobre ele; depois repousamos até que a criação se dê.

(14) *E o céu se recolheu como um livro que se enrola; e todos os montes e ilhas se moveram de seus lugares.*

Os nossos estados velhos se desintegram e desaparecem. Os *montes* e *ilhas* representam obstáculos, falsas idéias fixas e dificuldades que desaparecem em presença da Verdade que liberta.

(17) *Porque chegou o grande dia da ira deles; e quem poderá subsistir?*

A ira de Deus é a ação do Poder Espiritual em seu corpo, mente e ambiente. Às vezes, há uma crise na doença e o paciente parece piorar antes de melhorar. A Presença Salutar está agindo, destruindo todas as bactérias ou organismos virulentos e de repente a temperatura cai, o paciente sorri e segue-se a cura. O processo purificador da mente e do corpo chama-se de ira de Deus. A ira de Deus não significa a fúria de um Deus zangado; ao contrário, significa a atividade do Poder Divino fazendo do caos a ordem e restabelecendo a sua vida e seus negócios de acordo com o método divino, que é ordem, harmonia e paz. A ira de Deus poderia ser comparada a uma faxina anual, em que tudo na casa é tirado dos lugares e há poeira por toda parte; só quando você termina e recoloca tudo em seu devido lugar é que verá a Ordem Divina em toda parte. O dia da ira de Deus em sua vida é algo que vale muitíssimo a pena experimentar, pois significa Deus em atividade em sua vida, daí resultando harmonia, saúde, paz e fartura.

# CAPÍTULO SETE

(1) *Depois disto vi quatro anjos que estavam sobre os quatro ângulos da terra, sustendo os quatro ventos da terra, para que não soprassem sobre a terra, nem sobre o mar, nem sobre árvore alguma. (2) E vi outro anjo que subia da parte do Oriente, tendo o selo do Deus vivo; e clamou em alta voz aos quatro anjos, a quem fora dado o poder de fazer mal à terra e ao mar.*

Os *quatro anjos* estão dentro de você, o que quer dizer o conhecimento da sua natureza quádrupla. O primeiro anjo é a sua percepção de que o Espírito dentro de você é Deus, o Poder Supremo. O segundo anjo é o seu desejo, cuja realização libertaria você de qualquer situação. O terceiro anjo é o seu sentimento, convicção ou total absorção mental em seu desejo. O quarto anjo é a manifestação ou objetivação do seu desejo. O seu conhecimento da Lei Criadora e a sua função quádrupla permite que você escolha do tesouro do Infinito todas as coisas que podem favorecê-lo ou fazerem-no prosperar. Os ventos citados são os estados de espírito ou sentimentos impressos sobre a mente subjetiva e que aparecem em uma experiência objetiva como forma, função, condições e fatos.

Um anjo é uma atitude da mente, uma maneira de pensar; é o anjo que sempre anuncia o nascimento do nosso salvador. Um conhecimento do funcionamento da sua mente subconsciente é um anjo porque esse conhecimento lhe permite libertar-se de qualquer dificuldade. Um anjo é como a estrela da manhã que anuncia o aparecimento do Sol que redime a terra das trevas e incendeia todo o céu numa chama gloriosa. O seu estado de espírito de confiança e fé em Deus é um anjo que vai a sua frente, tornando o seu caminho reto, alegre e feliz. O Sol nasce a leste para abrir e governar o dia; simbolicamente o anjo subindo de leste é a sua percepção do EU SOU dentro de você como Deus. O seu EU SOU é o Senhor Deus Onipotente — a única Causa, Substância e Poder no mundo. A sua consciência de Deus dirige todos os outros anjos (pensamentos, idéias, desejos) dentro de você. A sua percepção espiritual dirige e ordena todos os seus pensamentos, sentimentos e emoções. Você está no comando e ordena os seus pensamentos da mesma maneira que um patrão diz aos empregados o que devem fazer. A *alta voz* mencionada no versículo dois é a sua convicção dominante da Bondade Infinita de Deus que vive na expectativa venturosa do melhor. Você é o homem de autoridade ordenando aos seus servos (pensamentos, idéias e conceitos) que dêem atenção às coisas divinas.

(3) *Dizendo: Não façais mal à terra, nem ao mar, nem às árvores, até que assinalemos, nas suas testas, os servos do nosso Deus.* (4) *E ouvi o número dos que foram assinalados, cento e quarenta e quatro mil assinalados, de todas as tribos dos filhos de Israel.*

A *terra* é o seu corpo e seu ambiente, o seu mundo objetivo; o *mar* representa a sua emoção; as *árvores* são idéias e pensamentos que cresceram em atitudes e convicções fixas; e quando você *assinala* os servos de Deus na sua testa, está consciente e subconscientemente convencido das verdades que você afirma, e nada pode feri-lo, já que você não dá nenhum poder ao mundo ou aos fenômenos externos. A sua *fronte* representa a sua mente consciente, e quando a sabedoria subjetiva de Deus unge o seu intelecto, você assinalou os servos de Deus em seu intelecto. Os seus pensamentos de agora em diante serão nobres e divinos, e um sentimento verdadeiro segue os seus pensamentos verdadeiros. O versículo quatro refere-se a nossas doze faculdades da mente. O consciente multiplica e aumenta tudo em que toca. Os seus doze poderes, quando disciplinados, são extremamente aumentados e por isso são referidos como cento e quarenta e quatro mil. Quando você desperta as suas faculdades, elas se tornam poderosas.

(9) *Depois disto vi uma grande multidão, que ninguém podia contar, de todas as nações e tribos e povos e línguas, que estavam de pé diante do trono e à vista do Cordeiro, cobertos de vestes brancas e com palmas nas mãos.*

Todos os homens do mundo são prolongamentos de você. Você é a multidão e os dois bilhões e meio de pessoas neste mundo são projeções de você. Quando os sinos dobram por alguém no mundo, também dobram por você. Só existe Um Homem e nós somos todos manifestações do Homem Uno e da Vida Una. O homem não reconheceria as células de seu próprio corpo, se as visse ao microscópio, nem reconheceria o cabelo de sua cabeça, nem o sangue de suas veias. Igualmente, o homem não-desperto e não-esclarecido não reconhece outros homens como parte de si. Quando começamos a disciplinar as nossas doze faculdades por meio da oração e da meditação, recebemos as palmas da vitória e do triunfo.

(14) *E eu disse-lhe: Meu Senhor, tu o sabes. E ele disse-me: Estes são os que vieram de uma grande tribulação e lavaram as suas vestes e as embranqueceram no sangue do Cordeiro.*

*Lavamos as nossas vestes* quando disciplinamos as nossas faculdades mentais, atitudes e sentimentos. Em outras palavras, nós nos vestimos mentalmente para Deus, e quando entramos em Sua Presença usamos as vestes como estados de espírito de amor, alegria e expectativa. Não podemos chegar à mesa do banquete de Deus usando as vestes do medo, raiva, ciúme, ressentimento, preconceito, condenação. Nós nos purificamos, derramando amor sobre os outros, desejando-lhes saúde, felicidade, paz e boa vontade. O amor é o cumprimento da lei da saúde, fartura e segurança. O *branco* significa pureza e sinceridade. O *sangue do Cordeiro* significa a Vida e o Amor de Deus. Ao entrarmos na consciência do Amor de Deus, tudo que não se parecer com Deus em nossa

69

mente ou coração se dissolve. O *sangue* significa a Vida e a Vida é Amor, e Deus é Amor. Quando você dá vida, amor e atenção às idéias que elevam, favorecem e curam, você é salvo pelo sangue do Cordeiro.

O *Cordeiro* é um símbolo universal de sacrifício, do sacrifício de desistir de nossos pensamentos e emoções negativas e paixões destruidoras com o propósito de fazer um lugar na alma para as qualidades da bondade, verdade e amor. Renunciamos ao menor pelo maior. Sacrificamos um modo de vida inferior a fim de cultivar e desfrutar uma vida superior. Todo progresso é um sacrifício nesse sentido. Os sacrifícios e oferendas queimadas significam em geral a regeneração e desenvolvimento espiritual do homem pela sabedoria, verdade, beleza e amor. Em linguagem simples, o *Cordeiro de Deus* é o desejo de seu coração, pois o desejo é o dom de Deus, e você deve sacrificar ou oferecer o seu desejo sentindo a sua realidade, de modo que ele morra em seu subconsciente, e seja ressuscitado como oração atendida.

(15) *Por isso estão diante do trono de Deus, e o servem de dia e de noite no seu templo; e o que está sentado sobre o trono habitará entre eles.*

O homem de mente espiritualizada senta-se sobre o trono de seu próprio consciente, mantendo o controle de suas doze faculdades, e julga tudo de acordo com os padrões espirituais e a Verdade de Deus.

# CAPÍTULO OITO

(1) *E, tendo aberto o sétimo selo, fez-se silêncio no céu, quase por meia hora.* (2) *E vi os sete anjos que estavam em pé diante de Deus; e foram-lhes dadas sete trombetas.*

O *sétimo selo* é o mesmo que o sétimo dia ou o sétimo tom, que significa o sossego, o repouso, o silêncio que se segue à verdadeira oração. *Meia hora* significa meio tempo, que é um termo indefinido, pois não sabemos nada sobre o mistério da criação. Os caminhos do nosso subconsciente são insondáveis. Não sabemos como, onde nem por que meios vem a solução. Vem de maneiras que ignoramos, por caminhos desconhecidos, e numa hora em que não a esperamos. Semeamos uma idéia no subconsciente meditando sobre ela; ali ela faz a sua gestação no escuro e, quando o momento chega, a sabedoria subjetiva faz com que aconteça a seu modo.

(3) *E veio outro anjo e parou diante do altar, tendo um turíbulo de ouro; e foram-lhe dados mui-*

71

tos perfumes, a fim de que oferecesse as orações de todos os santos sobre o altar de ouro, que está diante do trono de Deus.

Os sete anjos das sete igrejas são sete graus de percepção. Disciplinamos esses sete graus de percepção (sete estados de consciência). Depois fazemos soar as sete trombetas, e estas tocam chamando à ação. Isto significa que de nossa meditação em silêncio surge um estado de espírito, sentimento e confiança na lei, sabendo que surgirá uma resposta. Tudo isso se realiza sem esforço ou tensão, apenas um conhecimento íntimo e silencioso da alma.

(4) *E o fumo dos perfumes das orações dos santos subiu da mão do anjo até à presença de Deus.*

Isto significa que o nosso consciente está no lugar em que a vista parece tão bela, tão perfumada, que todos os nossos sentidos se voltam para dentro, para o nosso bem. O nosso bem tornou-se vivo em nosso coração; vemos e ouvimos interiormente — isto é o perfume.

(7) *E o primeiro anjo tocou a trombeta e formou-se uma chuva de granizo e fogo misturados com sangue, que foi atirada sobre a terra, e foi queimada a terça parte das árvores e toda a erva verde. (8) E o segundo anjo tocou a trombeta; e foi lançado no mar como que um grande monte ardente em fogo, e converteu-se em sangue a terça parte do mar, (9) e a terça parte das criaturas que viviam no mar morreu, e a terça parte das naus pereceu. (10) E o*

*terceiro anjo tocou a trombeta; e caiu do céu uma grande estrela, a arder como um facho, e caiu sobre a terça parte dos rios, e sobre as fontes das águas;* (11) *e o nome da estrela é Absinto; e a terça parte das águas converteu-se em absinto; e muitos homens morreram por causa daquelas águas, porque se tornaram amargosas.* (12) *E o quarto anjo tocou a trombeta; e foi ferida a terça parte do Sol, e a terça parte da Lua, e a terça parte das estrelas, de maneira que se obscureceu a sua terça parte, e não resplandecia a terça parte do dia, e igualmente da noite.* (13) *E olhei e ouvi a voz duma águia, que voava pelo meio do céu, a qual dizia em voz alta. Ai, ai, ai dos habitantes da terra, por causa das outras vozes dos três anjos que vão tocar a trombeta.*

Temos aqui uma história da modificação do estado antigo para o novo. Os nossos estados de espírito, pensamentos e limitações são queimados pelo fogo do Amor Divino e pelo pensamento construtivo. Uma *árvore* representa opiniões e idéias fixas que se criam em sua mente. Uma *nau* representa emoções e sentimentos. A *terça parte* representa a trindade, ou os atos criadores mentais e espirituais que nos permitem destruir todas as formas negativas na mente subconsciente. A *trindade* é a mente, a idéia e a expressão, ou o pensador, o pensamento e a ação. A Divina Trindade é conhecida como Pai, Filho e Espírito Santo, que significa consciente, idéia e sentimento. A *quarta parte* é a manifestação objetiva daquilo que sentimos ser verdadeiro. No versículo oito, quando diz "e converteu-se em sangue... o mar", *sangue* representa a Vida, e quando estamos muito negativos e deprimidos, temos uma tendência para resistir ao influxo do Poder Espiritual. As águas *da vida são amargosas* significa que a nossa mente e emoções estão cheias de amargura, rancor, hostilidade, enquanto estamos separados de Deus e Sua Paz. A oração ou a prática da Presença de Deus destruirá esses estados, e seremos curados.

# CAPÍTULO NOVE

(1) *E o quinto anjo tocou a trombeta; e vi uma estrela caída do céu sobre a terra, e foi-lhe dada a chave do poço do abismo.* (2) *E abriu o poço do abismo; e subiu um fumo do poço, como fumo duma grande fornalha; e escureceu-se o ar e o Sol com o fumo do poço;* (3) *e do fumo do poço saíram gafanhotos para a terra e foi-lhes dado um poder, como o poder que têm os escorpiões da terra;* (4) *e foi-lhes ordenado que não fizessem dano à erva da terra nem a verdura alguma, nem a árvore alguma, mas somente aos homens que não têm o selo de Deus sobre as frontes.*

A estrela caída do céu significa Lúcifer (Portador da Luz) ou Satanás. *E ele disse-lhes: Eu via Satanás cair do céu como um relâmpago.* (Lucas 10:18) *Como caíste do céu, ó astro brilhante?* (Isaías 14:12)

Lúcifer ou Satanás podem, em um sentido, ser comparados com Judas. Judas trai (que significa revela) Jesus, e depois se suicida; de modo que, quando Judas ou o nosso sentido de falta ou limitação morre, isso dá lugar ao nosso salvador ou estado de consciência salvador. Quando um homem morre para a crença na pobreza, ele nasce para a idéia da riqueza; quando o homem morre para o ódio, dá lugar ao amor; quando morre para a raiva, dá lugar à harmonia e boa vontade. Lúcifer também poderia ser comparado a Vênus. Vênus, a estrela da manhã, anuncia ou revela o nascimento do Sol; igualmente, o nosso problema revela o nosso salvador. Se você está na prisão, quer a liberdade; se doente, quer a saúde; se com sede, quer água. A água seria o seu salvador se você estivesse morrendo de sede no deserto. Lúcifer, como Judas, é a nossa sensação de falta, que deve morrer antes que o salvador possa entrar. Não podemos ter o nosso salvador, o estado que nos favorecerá, antes que o sentido de falta desapareça de nosso consciente. Quando Lúcifer (sentido de falta) cai do céu (consciente) ele proclama o nosso salvador. O nosso salvador é a realização do desejo de nosso coração.

Os versículos um e dois referem-se à mente subjetiva, que é o lugar da morte ou dissolução dos estados negativos, complexos, medos, etc., é também a lei da vida. A semente que depositamos no solo sofre a dissolução ao mesmo tempo que transmite sua energia, vitalidade e força à outra forma de si. A semente primeiro deve morrer para dar vida a algo novo. O nosso desejo deve morrer no subconsciente, o que se dá sempre que conseguimos, pelo sentimento, impregnar a nossa mente subconsciente; aí surge a manifestação ou a resposta à nossa oração.

76

O *selo de Deus nas frontes* significa a sua convicção da supremacia do Poder Espiritual. A *fronte* significa o seu intelecto ou mente consciente, que tem noção dos valores espirituais. O *selo de Deus* está em sua fronte quando você sabe que a lei de Deus reage imediatamente ao seu pensamento positivo. Temos uma nova natureza ou nome porque a nossa segurança, nossa confiança e nossa fé são capazes de conceder a vida a cada vez mais qualidades divinas em nossa vida. Os *gafanhotos* representam o alimento dos cinco sentidos que nos perturbam e assustam, mas quando sabemos que o mundo exterior não tem poder sobre nós e que somente o Espírito é a causa, estamos livres, e os gafanhotos ou temores do mundo não nos perturbam.

(13) *O sexto anjo tocou a trombeta; e ouvi uma voz dos quatro cantos do altar de ouro, que está diante dos olhos de Deus,* (14) *a qual dizia ao sexto anjo que tinha a trombeta: Solta os quatro anjos que estão atados no grande rio Eufrates.*

Os *quatro cantos* são símbolos da sua consciência e seus quatro poderes, já explicados, como o Pai (consciente), Filho (idéia, desejo), Espírito Santo (sentimento de integridade ou unidade com o seu desejo, e a quarta parte — objetivação de seu desejo, ou o filho manifestado). O versículo quatorze é o mesmo que o versículo anterior, indicando um movimento de impulso, como o consciente. *Eufrates* significa o Poder Criador dentro de você, pelo qual você frutifica e faz aparecer a glória de Deus.

(16) *E o número do exército de cavalaria era de duzentos milhões, porque ouvi dizer o seu núme-*

77

ro. (17) *E vi assim os cavalos na visão: os que estavam montados neles tinham couraças de cor de fogo, de jacinto e de enxofre e as cabeças dos cavalos eram como cabeças de leões; e da sua boca saíam fogo, fumo e enxofre.*

Os *vastos exércitos de cavalaria* representam o poder ilimitado da Presença de Deus. Os *homens mortos pelo fogo* representam pensamentos, opiniões, crenças que são dissolvidos pelo fogo ou a Inteligência Divina e a compreensão das verdades de Deus e da Vida. Os conceitos espirituais ou os exércitos do céu destroem os pensamentos falsos e supersticiosos e as tendências negativas do homem.

# CAPÍTULO DEZ

(1) *Então vi outro anjo forte, que descia do céu, vestido de uma nuvem, e com o arco-íris sobre a sua cabeça, e o seu rosto era como o sol, e os pés como colunas de fogo;* (2) *e tinha na mão um livrinho aberto; e pôs o pé direito sobre o mar e o esquerdo sobre a terra:* (3) *e gritou em alta voz, como um leão quando ruge. E, depois que gritou, sete trovões fizeram ouvir suas vozes.* (4) *E, depois que os sete trovões fizeram ouvir as suas vozes, eu dispunha-me a descrevê-las; mas ouvi uma voz do céu que me dizia: Sela as palavras dos sete trovões, e não as escrevas.*

O *livrinho* é a mente subjetiva, em que escrevemos e gravamos todos os conceitos, todas as nossas impressões e crenças. O *pé direito sobre o mar* significa disciplinar a mente pela boa compreensão da lei. Nós estamos todos vivendo no mar da mente e emoções, e temos de aprender que o caminho do amor está aberto a todos em todas as circunstâncias, e nele você pode pisar neste momento. Não é preciso um treino especial para pôr o seu pé direito sobre o mar. Os pés significam a compreensão, na linguagem bíblica. Você pode começar neste momento a expulsar com firmeza de sua mentalidade todos os pensamentos de animosidade, amargura ou condenação pessoal, de ressentimentos, e toda e qualquer coisa que contrariar a Regra de Ouro e a Lei do Amor. Passe a amar as verdades eternas, o amor, a bondade, a verdade, a boa vontade, honestidade e justiça. O amor o curará; o amor o consolará e abençoará de inúmeras maneiras. O amor iluminará o seu caminho e lhe dará paz de espírito.

Você coloca o seu pé na terra neste sentido. A *terra* significa a manifestação, tal como o seu corpo, ambiente, condições, etc. O *pé esquerdo* significa que você sabe que a condição subjetiva sempre há de derrubar a condição objetiva. Você pode sempre retrair-se e visualizar o modo como quer que sejam as coisas, e os movimentos interiores e silenciosos do consciente produzirão condições externas que se adaptem à sua convicção interior. Todas as dúvidas e medos desaparecem quando tomamos consciência do Poder Oculto. Os *sete trovões* são sete qualidades do consciente. O *anjo forte* citado é a sua convicção inabalável que vem do céu da sua própria mente iluminada. *Sete* quer dizer completo, que por sua vez simboliza o leão, o estado vencedor do consciente.

O versículo quatro transmite o conselho de que devemos ficar tranqüilos e convictos de que a nossa oração está atendida. O adversário ou pensamento negativo pode entrar em nossa cabeça para desafiar-nos ou perturbar-nos. Não devemos dar ouvidos senão àquilo que sabemos ser verdade. Devemos sentir o nosso novo conceito, acertá-lo, e esperar com fé que, acreditando nele até o nosso novo conceito, se dê a manifestação.

(9) *E fui ter com o anjo, dizendo-lhe que me desse o livro. E ele disse-me: Toma o livro e devora-o; e ele fará amargar o teu ventre, mas na tua boca será doce como o mel.*

Quando ouvimos pela primeira vez que o Poder Criador reage a todos os nossos pensamentos, ficamos muito entusiasmados e isso parece doce e fragrante. No entanto, às vezes os nossos sentidos se deixam dominar pelo que vemos e ouvimos, e perdemos a nossa verdadeira percepção do Poder Único. Quando admitimos outro poder, começamos a nos opor e a resistir a ele. O nosso desejo ou ideal nessas ocasiões é como o alimento que não digerimos direito (*fará amargar o teu ventre, mas na tua boca será doce como o mel*). Quando você contempla o seu desejo, gera um novo estado de espírito, mas se achar que há alguma coisa que o bloqueie, ou algum agente externo que o possa frustrar, então você estará na situação especial e difícil de brigar com o seu próprio pensamento. Isso cria confusão, irritabilidade e raiva; é uma briga em sua mente que se assemelha à briga no estômago quando o alimento não é digerido nem assimilado direito. Se você acredita num poder do mal, está na verdade negando o poder do Deus Único e Sua Onipotência. Isso cria um conflito e não conseguimos digerir, absorver e assimilar o nosso desejo ou consciência. A solução de toda a questão e que você tem de identificar-se com o Poder Universal, de onde vêm a sua força, poder e fé. Lembre-se de que você é um filho de Deus, e todos os poderes de Deus estão trancados dentro de você, do mesmo modo que a palmeira está toda dentro da semente. Torne-se receptivo agora e diga: "Aceito o meu bem, Deus o deu a mim, e permito que ele tome forma em minha experiência."

(11) *E disse-me: É necessário que ainda profetizes a muitas nações, e povos, e homens de diversas línguas, e reis.*

Devemos sempre profetizar sentindo e sabendo que a Bondade Infinita de Deus está sempre a envolver-nos e que somos canais para o Divino. O nosso estado de espírito, sentimento, animação interior determinam o nosso futuro. Devemos tornar-nos o verdadeiro profeta e profetizar ou expor apenas aquilo que é verdadeiro de Deus em nossas vidas. Segundo a nossa fé em Deus, assim nos será feito.

# CAPÍTULO ONZE

(1) *E foi-me dada uma cana semelhante a uma vara, e foi-me dito: Levanta-te, e mede o templo de Deus e o altar e os que nele adoram.* (2) *Mas o átrio, que está fora do templo, deixa-o de parte e não o meças, porque ele foi dado aos gentios e eles hão de pisar a cidade santa durante quarenta e dois meses.* (3) *E darei às minhas duas testemunhas o poder de profetizar, vestidas de saco, durante mil duzentos e sessenta dias.*

A *vara* é um símbolo de autoridade exercida ativamente. O consciente é a única autoridade. Não podemos ter nada a não ser pelo direito do consciente. O homem é o medidor. *Medimos o templo de Deus* por nosso grau de fé, percepção ou convicção interior da infinita bondade de Deus, e segundo a nossa medida ou grau de aceitação ou receptividade, assim nos é feito.

No versículo dois, o *átrio* é o mundo das aparências. Não medimos o átrio porque trabalhamos no reino interior da mente; e aquilo que sentimos e aceitamos como verdadeiro no interior, experimentaremos no exterior. *Quarenta e dois meses* indica um tempo indefinido. Ao pé da letra, significa três anos e meio. O algarismo quatro no simbolismo da Bíblia significa a objetivação ou manifestação, o ciclo completo. Em outras palavras, o modo pelo qual a nossa oração será atendida nos é oculto, e não sabemos o dia, hora ou minuto em que a solução virá com a cura em suas asas. Os nossos pensamentos, medos, opiniões e idéias negativos têm de ser redimidos pela Luz de Deus, do contrário poderão espezinhar ou impedir de uma manifestação e demonstração perfeita a espiritualidade ou consciência de Deus no interior do homem.

(4) *Estes são duas oliveiras e os dois candeeiros, postos diante do Senhor da terra.* (5) *E se alguém lhes quiser fazer mal, sairá fogo das suas bocas, que devorará os seus inimigos; e se alguém os quiser ofender, é assim que deve morrer.* (6) *Eles têm poder de fechar o céu, para que não chova durante o tempo que durar a sua profecia; e têm poder sobre as águas, para as converter em sangue, e de ferir a terra com todo gênero de pragas, todas as vezes que quiserem.* (7) *E, depois que tiverem acabado de dar o seu testemunho, a fera, que sobe do abismo, fará guerra contra eles, e vencê-los-á, e matá-los-á.* (8) *E os seus corpos ficarão estendidos nas praças da grande cidade, que se chama espiritualmente Sodoma e Egito, onde também o Senhor deles foi crucificado.*

Esses versículos tratam da história das duas testemunhas que são o Amor e a Sabedoria. *Amor* é a lealdade e adesão ao Poder Único, e *Sabedoria* representa a idéia verdadeira. Esses dois dão testemunho de um terceiro que virá. O filho, ou resposta à nossa oração, virá quando o nosso EU SOU se casa ou se une ao nosso ideal. As *duas testemunhas* ou *duas oliveiras* representam o modo pelo qual o óleo ou natureza de Deus ou o Espírito surge manifestando-se em nossas vidas. A união de duas coisas produz uma terceira. A união de um pai e uma mãe produz um filho. A sua idéia verdadeira envolvida no amor aparecerá como forma, função, experiência, condição ou fato.

A *fera que sobe do abismo* representa um pensamento tradicional ou preconceituoso dominante que o intimida, impedindo que as duas testemunhas dentro de você funcionem, de modo que elas permanecem aparentemente inativas. No entanto, a Verdade vence sempre, o erro não tem princípio algum a apoiá-lo e nada que o sustente e, se você continuar a afirmar as verdades de Deus com fé e amor, o erro, o adversário, será expulso do céu (a sua mente sintonizada com o Infinito).

A cidade de *Sodoma* e os *corpos* mencionados no versículo oito significam o mundo dos cinco sentidos onde a tirania das idéias preconceituosas e paixões negativas reina soberana. Quando o nosso consciente é indisciplinado, é como um sodomita, uma prostituta; junta-se a qualquer coisa, isto é, coabita com a inveja, ciúme, ódio, vingança, ganância, luxúria etc. No versículo oito, diz-se que o nosso Senhor foi crucificado em Sodoma e no Egito. O seu Senhor é a idéia dominante em sua mente, aquilo a que você dá maior atenção. Se você desejar uma cura, desvie a atenção do seu corpo, suas dores e males, e focalize-a toda sobre a idéia da saúde e harmonia. Continuando a fazê-lo com fé e convicção, isso se torna uma força dominante em sua vida, e essa idéia é impregnada no Egito de sua mente subconsciente, onde fica gestando no escuro. Diz-se que morre na mente subconsciente e depois de algum tempo ressuscita como saúde perfeita para você. O seu Senhor ou idéia dominante passou da sua mente consciente para a sua mente subconsciente. Além disso, ao encher a sua mente com a verdade do Poder Salutar do Amor de Deus, você expulsou da mente tudo dissemelhante a Deus ou ao bem. Os corpos mencionados no versículo oito representam a destruição e os pensamentos negativos em sua mente.

(15) *E o sétimo anjo tocou a trombeta, e ouviram-se no céu grandes vozes, que diziam· O reino deste mundo passou a ser de nosso Senhor, e do seu Cristo, e ele reinará pelos séculos dos séculos.*

O sétimo anjo representa a satisfação, a convicção, o som interior ou o movimento do coração que nos diz que está tudo bem, que repousamos em Deus.

(19) *Então abriu-se no céu o templo de Deus e apareceu a arca do seu testamento no seu templo e sobrevieram relâmpagos e vozes e um terremoto e uma grande chuva de pedra.*

Você constrói a sua arca no entendimento da sabedoria, presença e poder de Deus. A arca é construída sobre a base de que o que é verdade de Deus é verdade de você. Você pode construir essa arca no meio de todos os erros e idéias oreconceituosas em sua mente. Continuando os seus exercícios mentais e espirituais, um terremoto se dará, no sentido de que tudo que for dissemelhante a Deus ou à verdade será destruído em sua vida; parecerá um terremoto porque o velho será destruído e um homem novo aparecerá, transformado pela fé e amor de Deus. A sua arca é a sua aliança ou acordo com o Ser-Deus dentro de você, no sentido de que você herdará tudo o que tem o Pai. *Tudo o que o Pai tem é meu.* (João 16:15) A destruição e aniquilamento de todos os seus preconceitos tradicionais e idéias errôneas por meio do fogo do Amor Divino é realmente o terremoto que destrói o velho e dá origem ao novo.

*Eis que eu renovo todas as coisas.* (Apoc. 21:5)

# CAPÍTULO DOZE

(1) *E apareceu no céu um grande sinal: Uma mulher vestida do sol, tendo a lua debaixo de seus pés, e uma coroa de doze estrelas sobre a sua cabeça;* (2) *e, estando grávida, clamava com as dores do parto, e sofria tormentos para dar à luz.* (3) *E foi visto um outro sinal no céu: era um grande dragão vermelho, que tinha sete cabeças e dez chifres, e nas suas cabeças sete diademas;* (4) *e a sua cauda arrastava a terça parte das estrelas do céu, e as precipitou sobre a terra; e o dragão parou diante da mulher, que estava para dar à luz, a fim de devorar o seu filho, logo que ela o tivesse dado à luz.*

O *sol e a lua* representam as mentes consciente e subconsciente. A *coroa de doze estrelas* na cabeça indica a mente consciente, iluminada, disciplinada, que só nutre os conceitos nobres, divinos. Quando há um acordo entre as mentes consciente e subconsciente, as nossas orações são sempre atendidas e seguem-se inúmeras bênçãos.

*Se dois de vós se unirem entre si sobre a terra a pedir qualquer coisa, esta lhe será concedida por meu Pai que está nos céus.* (Mateus 18:19) Esta é uma simples declaração da lei de sua própria mente, indicando que, quando você se une mental e emocionalmente com o seu desejo, a mente subjetiva torna válida e faz acontecer aquilo que você pede. Você é a mulher vestida do sol quando está mentalmente casado com o seu ideal mais elevado. O *dragão* é Satanás, o *adversário,* a força negativa. Os nossos pensamentos chegam aos pares. Cada idéia boa e maravilhosa que você tem pode ser desafiada instantaneamente por algum pensamento negativo e ignóbil, o seu oposto. Já deve ter reparado que, quando você afirma uma saúde perfeita para um amigo seu, ocorre-lhe a idéia "Ele não tem cura", "Não pode sarar", etc. O dragão que está diante da mulher prestes a dar à luz é a negação, a mente cheia de preconceitos tradicionais, a falta de compreensão, as idéias falsas, e tudo tende a tentá-lo a se afastar da sua confiança no seu bem. *Embora ele me mate, ainda confiarei nele.* Você pode sempre erguer-se em sua mente acima de qualquer obstáculo, desafio, tentação, preconceito, e todas as provas objetivas. Tenha confiança no Poder Criador Único e essa atitude lhe permitirá pensar acima de todas as formas sugeridas pelas idéias preconceituosas, e você conseguirá fazer com que se realizem todos os desejos queridos de seu coração. Se você permitir que o conceito falso e errôneo do mundo governe a sua mente, matará o filho ou a nova percepção de Deus em sua mente.

O Poder Interior ou Idéia Espiritual é mencionado na Bíblia como um filho. A mente subconsciente é a mulher citada na Bíblia e a sua percepção da Presença, Poder e Inteligência de Deus trancada nas profundezas de seu subconsciente é descrita como uma criança. Quando a nossa mente consciente descobre que o Deus do Interior é o Espírito de todos nós, a nossa própria Vida, começamos a usar esse Poder; chama-se a isso o nascimento da criança. A velha forma habitual do pensamento, o Deus teológico que mora no céu, um ser antropomórfico que nos castiga e nos põe à prova, todos esses conceitos nos vêm à mente para desafiar o nosso novo conceito. Devemos constantemente lembrar-nos desse Poder Interior, alimentando e guardando a nossa fé nessa Presença de Deus; e ao fazermos isso, a criança, ou nossa idéia de Deus, se tornará mais forte e maior até que a Sua Sabedoria tome conta de toda a nossa vida.

(5) *E deu à luz um filho varão, que havia de reger todas as gentes com vara de ferro; e o seu filho foi arrebatado para Deus e para o seu trono, (6) e a mulher fugiu para o deserto, onde tinha um retiro, que Deus lhe havia preparado, para aí a sustentarem durante mil duzentos e sessenta dias. (7) E houve no céu uma grande batalha: Miguel e os seus anjos pelejavam contra o dragão, e o dragão com os seus anjos pelejavam contra ele; (8) porém estes não prevaleceram, e o seu lugar não se achou mais no céu.*

A *mulher que fugiu para o deserto* significa que você se retira para o Lugar Secreto dentro de si, onde caminha e fala com Deus. Ali você vive além do tempo e do espaço. Você está só no silêncio, e estar

90

só no silêncio é estar só com Deus. Deus habita no silêncio, a Verdade é vivida no silêncio, a Verdade é sentida no silêncio. Você está na Fortaleza Inexpugnável; ali ninguém pode cercá-lo. Em sua meditação e comunhão com Deus, você dá lugar ao seu ideal, sabendo que o que você reivindica e sente como verdade acontecerá de maneiras desconhecidas para você.

*Miguel e seus anjos,* que lutaram contra o *dragão* (ignorância, medo, superstição), representam a sua fé e confiança no Onipotente que faz acontecerem todas as coisas de acordo com a sua crença. *Miguel* significa mover-se ajustadamente em uma direção, unilateralidade de visão, uma unidade completa e feliz com o seu mais elevado bem. Quando você reza, invoca Miguel e seus anjos; você reúne as suas faculdades e atitudes mentais e se regala na mesa do banquete de Deus, regozijando-se com a verdade de que Deus é o dador e o dom, e o homem é o recebedor. Com a sua espada da Verdade, a clareza de pensamento, a sua compreensão da lei de Deus, você mata o dragão, sem piedade, decepando-lhe a cabeça com o fogo do Amor Divino e a fé em Deus.

# CAPÍTULO TREZE

(1) *E vi levantar-se do mar uma besta, que tinha sete cabeças e dez chifres, e sobre os chifres dez diademas, e sobre as suas cabeças nomes de blasfêmia. (2) E a besta que eu vi era semelhante a um leopardo, e os seus pés como pés de urso, e a sua boca como boca de leão. E o dragão deu-lhe a sua força e um grande poder. (3) E vi uma das suas cabeças como ferida de morte; mas a sua ferida mortal foi curada. E toda a terra, cheia de admiração, seguia a besta. (4) E adoraram o dragão que deu poder à besta; e adoraram a besta, dizendo: Quem há semelhante à besta? E quem poderá pelejar contra ela?*

A besta mencionada aqui é o dragão que representa todos os nossos estados de espírito negativos, as nossas crenças mundanas, as velhas situações. O *dragão* funciona inversamente, de fora para dentro. Os *dez chifres* são os cinco sentidos dobrados olhando para fora com limitações e ao mesmo tempo impregnando-nos intimamente com o que ouvimos, vemos e sentimos por fora. O *mar* é o nosso consciente indisciplinado; a nossa mente está caótica e confusa enquanto não definirmos positivamente a nossa meta, trabalhando para um objetivo preciso. Devemos alimentar a mente com premissas verdadeiras; devemos deter-nos sobre idéias que curem, favoreçam, inspirem, elevem e encham a nossa alma de alegria. Gostamos de nos agarrar ao velho; no momento em que temos um desejo pelo novo, brigamos com ele. Essa resistência ao novo é o dragão que se opõe à idéia nova em nossa mente. A limitação ergue sua cabeça e o nosso ideal querido, ou o empreendimento, plano, projeto, é ferido. Podemos e devemos sanar a situação, expulsando o velho, aceitando o novo. Este é o círculo do consciente, em que morremos para o velho e ressuscitamos para o novo.

(6) *E abriu a sua boca em blasfêmias contra Deus, para blasfemar o seu nome, e o seu tabernáculo, e os que habitam no céu.*

*Blasfêmia* é a irreverência para com o nosso bem, ou a sua recusa, ou o remorso pelo fracasso. Blasfemamos contra Deus quando dizemos que Deus não pode curar o corpo que Ele criou. Nesse momento somos ateus, pois estamos negando e rejeitando a Onipresença e Onipotência de Deus. Se um homem disser que é incurável e que seu estado é desesperador, está blasfemando, em linguagem bíblica, porque na verdade o que ele está dizendo é o mesmo que dizer que a Salutar Presença Infinita não pode curar o corpo doente, e no entanto, talvez em seguida, ele diga: "Para Deus, tudo é possível". Também estamos blasfemando contra o nome de Deus quando dizemos que Deus nos manda a doença, moléstias, morte, tribulações. A Salutar Presença Infinita não pode violar a sua própria natureza. O Infinito só se pode exprimir como Harmonia, Saúde, Paz, Alegria, Integridade e Perfeição. A natureza do Infinito é Integridade, Beleza e Unidade. Não se pode exprimir de outro jeito. A vida não pode desejar a morte — isso seria uma contradição de sua própria natureza. A vontade, intenção ou propósito de Deus para todos os homens é a vida abundante, alegria, harmonia e maravilhosas experiências, além de seus sonhos mais caros. As falsas idéias e preconceitos contam muitas mentiras sobre Deus; os homens falam de demônios, inferno, condenação, limbo e purgatório. Todas essas palavras exprimem estados de espírito criados por nós devido à ignorância e falta de compreensão. O único demônio é o desentendimento, má interpretação e má aplicação das leis universais comuns a todos os homens. Contar uma mentira acerca de Deus e Suas qualidades também é blasfemar. Dizer a uma pessoa que Deus vai julgá-la e castigá-la no dia final, ou que se ela cometer um pecado grave vai para o inferno, também é blasfemar. Todo o julgamento é dado ao filho, o que quer dizer que é dado à sua mente. Você se julga a si mesmo cada hora do dia, pelos pensamentos que tem e pelas suas escolhas. O Absoluto não julga, nem condena. A nossa retribuição e recompensa baseiam-se nas reações de nossa própria mente subconsciente à nossa maneira de pensar. Pense no bem e o bem virá, pense no mal e o mal virá. A lei da vida é ação e reação. O pensamento é ação, e a reação é a resposta de nosso subconsciente, baseada na natureza do nosso pensamento.

(8) *E adoraram-na todos os habitantes da terra, cujos nomes não estão escritos no livro da vida do Cordeiro, que foi imolado desde o princípio do mundo.* (9) *Se alguém tem ouvidos, ouça.*

O *livro da vida* já foi citado e representa as impressões feitas no consciente; o *princípio* é o tempo em que a impressão foi feita. O consciente é o *Cordeiro*, que está sempre morrendo para o velho e ressurgindo para o novo. Quando você se separa do velho estado e se regala com o que deseja ser, o velho estado morre e se desintegra e dá-se a objetivação do seu desejo. O versículo oito recomenda que se escutem as verdades interiores, faz saber que Deus é Onipotente e que Ele é a única Presença. Ouça: o amor expulsa o ódio, a paz expulsa a dor, e a alegria expulsa o pesar. Ouça: só existe Um Poder — deixe de dar poder ao mundo dos fenômenos. O pensador científico não considera o efeito uma causa; não atribui poderes a estrelas, ao tempo, micróbios, pessoas, condições ou o que quer que seja criado ou exteriorizado. Igualmente, aquele que *escuta* acredita e sabe que o Espírito é Onipotente e a Única Causa. Muitas pessoas só escutam o que querem escutar; não aceitam intimamente as verdades que ouvem com os ouvidos, e conseqüentemente não correspondem ao que lêem e ouvem.

(11) *E vi outra besta que subia da terra e que tinha dois chifres semelhantes aos de um cordeiro, mas que falava como o dragão.*

O *Cordeiro* é um símbolo do estado salvador do consciente. O nosso consciente está sempre morrendo para um estado enquanto renunciamos às nossas velhas crenças e damos origem a novas. A maneira correta de usar a mente é tomar uma idéia verdadeira que cura, favorece e inspira; ao nos determos nessa idéia, ela provoca uma emoção que se tece na trama de nossa mente, e acontece pela lei de nossa mente subconsciente. Se você se perde em algum objetivo, projeto, empreendimento, está absorto, envolvido, e mental e emocionalmente identificado com o seu desejo. Essa absorção mental transmite o plano ou idéia à mente subconsciente e aparecerá como um cordeiro, o seu salvador, a sua oração atendida. Mas quando você trabalha inversamente, de fora para dentro, está olhando para condições, obstáculos, demoras, empecilhos, e o seu subconsciente aceita isso como seus pedidos, e aí surge a limitação.

(18) *É aqui que está a sabedoria. Quem tem inteligência calcule o número de besta. Porque é número de homem; e o número dela é seiscentos e sessenta e seis.*

Este versículo diz que o homem e a besta são um só. As letras na palavra grega *hephren* (mente indisciplinada) somam 666. Esta palavra significa a mente inferior, a mente não regenerada ou indisciplinada do homem, governada pelo medo, a ignorância e a cupidez.

# CAPÍTULO QUATORZE

(1) *E olhei, e eis que o Cordeiro estava de pé sobre o monte de Sião, e com ele cento e quarenta e quatro mil que tinham escrito sobre as suas frontes o nome dele e o nome de seu Pai. (2) E ouvi uma voz do céu, como o estrondo de muitas águas, e como o estrondo de um grande trovão; e a voz que ouvi era como de tocadores de cítara que tocavam as suas cítaras. (3) E cantavam como que um cântico novo diante do trono e diante dos quatro animais, e dos anciãos; e ninguém podia cantar este cântico senão aqueles cento e quarenta e quatro mil que foram resgatados da terra.*

Sião significa um elevado estado de consciência em que pairam pensamentos e ideais nobres e elevados. Significa que a sua mente está sintonizada com o Infinito e você sente a presença da paz, amor, alegria e força espiritual. Significa que você sente a

Presença de Deus ou o bem em seu coração. Os *cento e quarenta e quatro mil* representam a ampliação ou multiplicação de suas doze faculdades ao reunir os seus pensamentos, sentimentos e atitudes mentais, em contemplação do Rei dos reis dentro de você. Quando você está sintonizado mentalmente com o Ser-Deus, sabe que há uma solução para o seu problema. Cada problema tem sua solução sob a forma de um desejo. Se você estiver num desespero profundo, ou extremamente necessitado, focalize a sua atenção sobre o seu ideal, imagine-se livre do problema, acredite que Deus está agora trabalhando por você e que por meio da Sua Sabedoria você alcançará a sua meta, que será a sua liberdade. É esta a *voz do céu*, mencionada no versículo dois. Uma voz é um estado de espírito, tom, sentimento íntimo que você possui ao estimular o dom de Deus dentro de você.

A *voz dos tocadores de cítara* significa a harmonia íntima que se segue quando você pensa no poder e na sabedoria de Deus que lhe está revelando a solução perfeita. No versículo três, você canta um cântico novo quando canta o cântico do espírito triunfante de Deus no homem. Homem nenhum pode aprender esse cântico enquanto não se tornar ciente da Presença de Deus no seu meio. Você pode agora começar a visualizar-se como gostaria de ser, sem considerar as condições e circunstâncias. Chame o seu menestrel interior, que é a sua fé em Deus e Sua Onipotência, continue nessa atitude mental triunfante e você se erguerá do escuro para encontrar-se no caminho da saúde, felicidade e paz.

(4) *Estes são os que não se contaminaram com mulheres, porque são virgens. Estes seguem o*

Cordeiro para onde quer que ele vá. *Estes foram resgatados dentre os homens como primícias para Deus e para o Cordeiro.*

A sua mente é a *virgem* eterna, e você pode conservá-la limpa, recusando-se a se unir com conceitos, crenças e opiniões negativos. Você acompanha o *cordeiro,* ou a igreja, quando sabe que a intenção de Deus para você é a vida, a liberdade e a busca da felicidade. Quando você se casa, isto é, mental e emocionalmente se une com harmonia, saúde, paz e sabedoria, você se consorciou com o cordeiro e é como uma noiva de Cristo. Em linguagem figurada, isso significa apenas que você está constantemente cantando o cântico de triunfo, realização e satisfação da verdade espiritual na sua vida individual.

(8) *E outro anjo o seguiu, dizendo: Caiu, caiu aquela grande Babilônia que fez beber a todas as gentes do vinho da ira da sua fornicação.* (9) *E seguiu-se a estes um terceiro anjo, dizendo em alta voz: Se alguém adorar a besta e a sua imagem, e receber o sinal dela na sua testa ou na sua mão,* (10) *também este beberá o vinho da ira de Deus, que está misturado com outro puro no cálice da sua ira, e será atormentado com fogo e enxofre diante dos santos anjos e na presença do Cordeiro.*

*Babilônia,* na Bíblia, significa confusão mental, uma situação caótica em que estamos subjugados totalmente à evidência dos sentidos. *Ira de Deus* tem dois sentidos. Se pensarmos no mal, segue-se o mal, o que é simplesmente a lei da ação e reação. Se impressionarmos a nossa mente subconsciente negativamente, a lei de nossa mente trabalha de modo destruidor e sem harmonia para nós. A ira de Deus poderia também chamar-se de bênçãos do Senhor (Lei). Quando escolhemos pensamentos positivos e construtivos, segue-se a destruição de pensamentos e formas de vida inferiores e limitados, culminando com uma cura; a atividade que precede essa cura chama-se a ira de Deus, ou a destruição do velho que é seguida pela ressurreição do novo. Adoramos a besta quando damos atenção a qualquer tipo de restrição, e criamos a desgraça, o pesar e o sofrimento em nossa experiência. O fogo e enxofre mencionados no versículo dez são termos figurados representando os fogos da consciência, remorso, vingança, temor e desespero, que atormentam a nossa alma por nos termos afastado da Verdade do Ser.

(14) *E olhei e eis que vi uma nuvem branca, e uma pessoa sentada sobre a nuvem, semelhante ao Filho do Homem, a qual tinha na sua cabeça uma coroa de ouro, e na sua mão uma foice aguda.*

A *nuvem branca* significa a atmosfera espiritual gerada por você ao contemplar o Poder Espiritual como o seu Senhor e Mestre, sabendo em seu íntimo que é o único Poder. Quando você eleva o seu ideal em sua mente, está subindo em consciência, e por meio de seu pensamento espiritual e sua confiança em Deus torna-se o Filho do Homem ressuscitando o seu ideal e fazendo com que este se manifeste. Basta que o homem tenha um novo conceito de si e compreenda que ele pode tornar-se um pára-quedista espiritual e voar por cima de qualquer obstáculo, barreira ou dificuldade para o porto da segurança, liberdade e paz. *Eu te transportei em asas de águia e te trouxe para mim.* A *foice aguda* significa que você se separa de tudo que nega o que você deseja e imprime o seu conceito esclarecido mais profundamente em seu cérebro.

(18) *Saiu do altar outro anjo, que tinha poder sobre o fogo, e gritou em alta voz para o que tinha a foice aguda, dizendo: Mete a tua foice aguda, e vindima os cachos da vinha da terra, porque as suas uvas estão maduras. O anjo meteu a sua foice aguda à terra e vindimou a vinha da terra e lançou as uvas no grande lagar da ira de Deus;* (20) *e o lagar foi pisado fora da cidade e do lagar saiu sangue que subiu até chegar aos freios dos cavalos, num espaço de mil e seiscentos estádios.*

Quando as uvas estão bem maduras, esprememo-lhes o suco e fazemos o vinho. O *vinho* representa a nova interpretação da vida, o entusiasmo, a alegria e a exultação que se seguem à nossa percepção do Poder Espiritual e as modificações tremendas que se podem operar em nossa vida, baseadas nessa nova idéia. O vinho é como o sangue, dá vida, animação, sentimento. Quando o *lagar* é pisado *fora da cidade,* destruímos as nossas limitações, renunciamos ao nosso velho modo de vida. Tome o seu novo conceito, empreendimento, plano ou propósito, despeje o vinho da vida sobre ele, tornando-se entu-

*101*

siasta, alegre e cheio de expectativa. Ao fazer isso, você está derramando o seu sangue (vida) ou dando vida, animação e sentimento ao seu conceito, e ele acontecerá.

# CAPÍTULO QUINZE

(1) *E vi no céu outro sinal grande e admirável: Sete anjos que tinham as sete últimas pragas, porque com elas é consumada a ira de Deus. (2) E vi um como mar de vidro envolto em fogo, e os que venceram a besta, e a sua imagem, e o número do seu nome estavam sobre o mar de vidro, tendo citaras divinas, (3) e cantavam o cântico do servo de Deus, Moisés, e o cântico do Cordeiro, dizendo: Grandes e admiráveis são as tuas obras, ó Senhor Deus Onipotente; justos e verdadeiros são os teus caminhos, ó rei dos séculos.*

O**s sete anjos** e as **sete pragas** representam os sete estágios de percepção ou estado de consciência já comentados. O *mar de vidro* significa a sua mente em paz, e o *fogo* representa a Sabedoria de Deus, que sobe à mente superficial quando ela está sossegada. O *cântico de Moisés* significa a sua capacidade de extrair a Sabedoria e Inteligência de Deus das profundezas do seu subjetivo, o que lhe permite

*103*

fazer frutificarem todas as suas idéias. Mantendo o estado de espírito de confiança e fé, você cantará o cântico de triunfo ou vitória do poder espiritual que é o cântico do Cordeiro. É esta a melodia de Deus que você toca nas cordas do seu coração, que é a cítara de Deus, todos os dias de sua vida.

# CAPÍTULO DEZESSEIS

(1) *E ouvi uma grande voz, que saía do templo e que dizia aos sete anjos: Ide e derramai sobre a terra as sete taças da ira de Deus.* (2) *E foi o primeiro e derramou sua taça sobre a terra, e formou-se uma úlcera cruel e maligna nos homens que tinham o sinal da besta, e naqueles que adoraram a sua imagem.* (3) *E o segundo anjo derramou a sua taça sobre o mar, que se converteu em sangue como de um corpo morto, e morreu no mar todo ser vivo.* (4) *E o terceiro anjo derramou a sua taça sobre os rios e sobre as fontes das águas e converteram-se estas em sangue.*

Temos aqui uma história semelhante à das pragas lançadas sobre o Egito, mencionadas no Êxodo, Capítulo VII. Esse capítulo refere-se a um recondicionamento do consciente. A taça significa o consciente avançando; são as energias criadoras do consciente. Quando começamos a recondicionar e purificar o nosso consciente, nós declaramos a Pre-

105

sença de Deus, e o que é verdade sobre Deus é realmente verdade sobre o homem; mas antes que isso aconteça, todas as velhas idéias preconceituosas tendem a nos reprimir.

O versículo três diz que o mar tornou-se como sangue. *Sangue* é um símbolo da vida e, quando permitimos que a ignorância, o medo, o ódio e a superstição nos governem, não podemos beber das águas da vida, como a inspiração, sabedoria e alegria. Nesses estados negativos do consciente, resistimos ao influxo da Vida Superior e morremos para o amor, a paz, a felicidade e as maravilhas da vida. Continuando a rezar, modificaremos todo o comportamento do subconsciente e haverá uma purificação.

(13) *E vi sair da boca do dragão, e da boca da besta, e da boca do falso profeta três espíritos imundos semelhantes a rãs.*

Os vários versículos deste capítulo referem-se à vitória sobre várias falsas crenças, preconceitos de origem, complexos e outros bolsões venenosos da mente subconsciente. As rãs mencionadas neste versículo são saltadoras de brejo, elas pulam. Isso representa uma situação instável. Quando a Verdade nos vem à mente, cria uma batalha em nossa mente a fim de resolver um conflito. O erro está então de saída e a Verdade vencerá. A Verdade nos vem a todos como uma espada. Uma espada nos separa do velho e geralmente há separações comoventes, pois os homens querem apegar-se às velhas idéias e pontos de vista tradicionais sobre Deus e o universo.

106

(15) *Eis que venho como um ladrão. Bem-aventurado aquele que vigia e guarda as suas vestes para que não ande nu, e não vejam a sua fealdade. E ele as juntará num lugar que, em hebraico, se chama Armagedon.*

A resposta à sua oração vem sempre como um ladrão na noite. Um *ladrão* vem quando você não o espera, ou quando você está dormindo. Isso é simbólico do modo pelo qual vem a resposta divina. Vem de maneiras que você desconhece e numa hora em que você não a espera. Você *vigia e guarda as suas vestes* quando caminha na luz, tornando impossível a sua oração falhar. A sua *veste* é o seu estado de espírito, o seu sentimento, a sua atitude mental. Você vigia e inspeciona todos os pensamentos e idéias para ver que se adaptem ao comportamento espiritual. Você veste todas as suas idéias e verdadeiros desejos com a imaginação, fé e confiança, e nunca andará nu no sentido de exprimir falta, tristeza e sofrimento. A batalha é entre o que você é e o que você quer ser, entre o seu ser inferior e o superior, entre as suas aspirações espirituais e os preconceitos de origem, cheios de terrores e falsas crenças, o seu desejo e o seu oposto. A raiva, o medo, a animosidade geram o antagonismo, a agressividade e a guerra. Esses venenos mentais podem ser expulsos se você se identificar com as verdades eternas e ocupar a sua mente com os conceitos de harmonia, saúde, paz e boa vontade. Haverá um vaivém entre essas duas forças dentro da sua mente. O amor, a honestidade, a justiça e a sabedoria prevalecerão nessa sua batalha interna. O único lugar em que se trava a batalha de Armagedon é na sua mente. Quando você praticar a Presença de Deus, vendo Deus em todos os homens e mulheres, irradiando o Seu Amor e caminhando em Sua Luz, tudo o que é diferente de Deus em seu subconsciente será erradicado e aparecerá um homem como um Deus; ele será o homem feliz, o homem alegre, o homem sadio, cheio de Luz e Amor.

(17) *E o sétimo anjo derramou a sua taça pelo ar, e saiu uma grande voz do templo, dos lados do trono, que dizia: Está feito.*

A *voz do templo* é o som interior da oração atendida, um conhecimento interior e silencioso da alma, o sábado ou repouso em Deus. A *sétima taça* é o momento de completa aceitação mental ou certeza interior que significa que não há mais nada por que rezar, pois o ato criador, mental e espiritual, está concluído.

(21) *E caiu do céu sobre os homens uma grande chuva de pedra, como do peso de um talento; e os homens blasfemaram de Deus, por causa da praga da pedra, porque foi grande em extremo.*

A chuva da primavera faz as coisas crescerem. A chuva de pedra é a chuva gelada e destrói a vegetação. Todos os nossos estados negativos estão agora gelados, murchos, e destruídos pela Verdade que penetra em nossa mente.

*108*

# CAPÍTULO DEZESSETE

(1) *E veio um dos sete anjos, que tinham as sete taças, e falou comigo, dizendo: Vem, mostrar-te-ei a condenação da grande meretriz que está sentada sobre muitas águas,* (2) *com a qual fornicaram os reis da terra, e que embriagou os habitantes da terra com o vinho da sua prostituição.* (3) *E transportou-me em espírito ao deserto. E vi uma mulher sentada sobre uma besta de cor escarlate, cheia de nomes de blasfêmia, que tinha sete cabeças e dez chifres.* (4) *E a mulher estava vestida de púrpura e de escarlate, e adornada de ouro e de pedras preciosas e pérolas, e tinha na mão uma taça de ouro cheia de abominação e da imundície de sua fornicação,* (5) *e estava escrito na sua fronte: MISTÉRIO: A GRANDE BABILÔNIA, A MÃE DAS FORNICAÇÕES E DAS ABOMINAÇÕES DA TERRA.*

Conhecemos os nossos cinco sentidos da visão, audição, tato, olfato e paladar. O sexto e sétimo sentidos são subjetivos. Quando voltamos a nossa

*109*

atenção para dentro, despertamos o sexto sentido, que nos permite ouvir a bondade interior, escutar as boas novas que são proféticas daquilo que está por vir. O sétimo sentido é evidenciado por nossa convicção ou conhecimento íntimo de que a nossa oração foi atendida. Essa interpretação é outro meio de explicar os sete anjos. Podemos usar os nossos sentidos de duas maneiras, para o bem ou o mal. Podemos voltar os nossos cinco sentidos para dentro, para o real, e ver, compreender, sentir, cheirar e provar a Verdade, ou impregnar-nos com todo tipo de limitações.

No versículo dois, *fornicação* significa coabitar mentalmente com os pensamentos e opiniões negativos ou destruidores, tais como o ódio, a animosidade, ciúme ou ressentimento. A *grande meretriz* mencionada no versículo cinco significa a mente subconsciente que se entrega a todos sem fazer perguntas. Não argumenta conosco, mas aceita como verdade aquilo com que concorda a nossa mente consciente. Você pode impregnar a sua mente subconsciente de todo tipo de imagens negativas ou positivas, e ela não tem outro recurso senão aceitaι o que é considerado verdade. O subconsciente aceita sem perguntas o que você acha ser verdade.

A *besta de cor escarlate* mencionada no versículo três é o uso negativo e pervertido da sua mente; *mulher* significa as suas emoções e atitudes dominantes que governam todos os atos de seu corpo. O corpo se movimenta conforme é afetado por nossas emoções. Age conforme é acionado. A mulher (emoção) dentro de nós blasfema quando rejeitamos o nosso bem e mentimos a respeito de Deus e

*110*

Seu Amor. A *meretriz* é um estado de espírito adulterado, confuso e neurótico. A *taça na mão dela* simboliza o subconsciente que recebe a impressão de todo o nosso pensamento destruidor ou malévolo. O subconsciente (*meretriz*) é um gravador que fixa todas as nossas reações mentais, imagens mentais e modo de pensar habitual. Podemos alimentar o subconsciente com pensamentos imundos ou com maravilhosas verdades psicológicas que suportaram a prova do tempo.

(8) *A besta que viste foi, e já não é, e subirá do poço sem fundo e irá à perdição; e os habitantes da terra cujos nomes não estão escritos no livro da vida desde o princípio do mundo se encherão de pasmo quando virem a besta que era e já não é.*

O *abismo* ou *poço sem fundo* é a negação. Não existe uma realidade final para o mal, ele se destrói por si. O único mal real no mundo é a negação e rejeição da Presença, Poder e Sabedoria de um Deus do Amor entronizado em nosso próprio coração. Todo o medo, ódio, cobiça e confusão de pensamento são de fato sem fundamento. Não existe princípio de medo, mentira, ciúme ou ódio, e, não tendo realidade, eles têm de passar. Podemos dizer que o ciúme, ódio, animosidade, rancor, pobreza são fatos, mas o amor, a paz, alegria, fé, boa vontade, confiança, bondade e abundância são as Verdades do Ser. Devemos distinguir entre um fato e a Verdade. Criamos um fato com a nossa mente, mas não podemos criar a Verdade. A Verdade de Deus permanece imutável e eterna. Podemos criar a discórdia em nossa mente, corpo, ambiente, mas a Harmonia Abso-

*111*

luta é a Lei do Ser que nunca muda. A *besta que era, e já não é* significa a negação do seu bem, o seu adversário. No momento em que você tem um desejo em sua mente surge uma oposição a esse desejo, uma negação dele. Por exemplo, você deseja vender a sua casa, e surge o pensamento de temor de que os tempos andam maus, há uma depressão, há falta de dinheiro, etc. Você deseja ir à Europa visitar o filho, mas não consegue encontrar a pessoa certa para dirigir seus negócios, etc. Você tem de enfrentar esse desafio em sua mente e matar a besta que é o pensamento negativo ou o medo em sua mente, e permitir que o seu desejo viva. O medo é uma emoção passageira que tenta ser algo permanente. Você se eleva acima do obstáculo em sua mente e imagina o seu bem, sabendo que aquilo que você projeta e sente como verdadeiro virá a acontecer. Você sabe que tem a experiência por meio de sua mente, e assim determina aquilo que vai experimentar. Você não considera as circunstâncias e condições como causas. A sua convicção mental é a causa e o efeito se segue. Esse conhecimento lhe dá fé, confiança e satisfação íntima.

(10) ... *são também sete reis. Cinco caíram, um subsiste e o outro ainda não veio; e, quando ele vier, deve durar pouco tempo.*

Os *sete reis* são os sete sentidos previamente comentados neste capítulo. *Cinco caíram* significa que você está disciplinando os seus cinco sentidos, o sexto é a sua atitude mental dominante ou governante, o sétimo é o que está por vir — a sua convic-

*112*

ção ou total aceitação mental. Tudo que for impresso será expresso. Uma convicção não pode ser cancelada, é um estado de consciência concluído.

(14) *Estes combaterão contra o Cordeiro, e o Cordeiro os vencerá, porque ele é o Senhor dos senhores e o Rei dos reis, e os que estão com ele são os chamados, os escolhidos e os fiéis.*

Este versículo frisa o que já comentamos, isto é, que sempre que surge um desejo em nosso consciente, a besta (limitação) virá para lembrar-nos ou desafiar-nos no sentido de que não o podemos cumprir, e a nossa paz é levada até que expulsemos a besta. Ele *cai na perdição* ou morre devido à falta de cuidado. Você pode matar de fome qualquer estado negativo, recusando-se a lhe dar atenção; ele morre porque você se recusa a alimentá-lo. A sua atenção dá vida a todas as coisas em seu mundo. Elas caem em perdição quando você exercita regalar-se em seu bem na Casa de Deus dentro de si. O Cordeiro ou a sua consciência da Presença de Deus sempre vence. A sua fé em Deus vencerá todos os obstáculos, porá exércitos em fuga, tapará as bocas dos leões, e fará muitas coisas admiráveis.

# CAPÍTULO DEZOITO

Este capítulo é um aprimoramento da descrição de Babilônia, onde o materialismo, a sensualidade e o julgamento segundo os cinco sentidos reinam soberanos. A compra e venda se dão na mente o dia todo. Você pode crer na desgraça, sucesso, carma, que o azar o persegue, e terá todo tipo de dificuldades, problemas e tragédias, pois, segundo a sua crença, lhe será feito. Você pode fabricar todo tipo de refugo em sua mente, como o remorso, autocondenação, vingança, ceticismo, animosidade, etc. Você é o proprietário, fabricante, distribuidor e gerente dessa fábrica mental. Neste momento você pode começar a liquidar todo esse lixo que ninguém deseja e começar a impressionar a sua mente com harmonia, saúde, paz, alegria, riso e a esperança do melhor, e o melhor lhe virá. E pode fazer algumas boas compras mentais, como aceitar o fato de que os pensamentos são coisas, que o que você sente, você atrai, que o seu consciente é o árbitro do seu destino e o senhor da sua sorte.

*114*

O seu estado de consciência é o que você pensa, sente, crê e o que tem o seu consentimento mental. Não há nenhuma outra força ou causa operando em seu mundo. Compre a idéia de que as pessoas, o tempo, os micróbios, condições, preconceitos, tradições, etc. não têm poder sobre você; que tudo isso é apenas sugestão, e que o único Poder Criador é a sua mente e espírito. O seu pensamento faz com que o Espírito dentro de você se condicione em seu mundo e assuma a forma do seu pensamento. O seu pensamento e sentimento criam o seu destino. Comece a praticar essas verdades e compreenda que nada o afeta a não ser por meio de seu pensamento. Alguém pode dizer-lhe que você vai fracassar — essa declaração não tem poder, a não ser que você pense no fracasso. Você o rejeita e diz consigo, com coragem e vitorioso: "Nasci para vencer. Deus sempre tem sucesso em todos os seus empreendimentos e eu também." Por aí você pode ver que ninguém tem o poder de prejudicá-lo. O Onipotente está dentro de você. É indivisível e se move como uma unidade.

A cidade de Babilônia é um agregado de pensamentos, crenças, opiniões e aceitações mentais negativas. Os *reis da terra* são os egos dominantes das pessoas ou os pensamentos dominantes de nossa mente. Você pode sair de Babilônia e destruir a cidade (o seu estado mental de confusão) praticando as verdades enunciadas neste capítulo. São simples, diretas e oportunas, e funcionam. Compre a mercadoria certa, como a sabedoria, verdade, beleza, orientação e inspiração divina. Você pode vender esse tipo de mercadoria em toda parte, e colher dividendos enormes. Os seus lucros, de um ponto de vista espiritual, mental e material, se multiplicarão extremamente e você descobrirá a grande verdade, que Deus atende a todas as suas necessidades de acordo com a Sua riqueza, na Sua glória.

# CAPÍTULO DEZENOVE

(7) *Alegremo-nos e exultemos e demos-lhe glória, porque chegaram as bodas do Cordeiro, e sua esposa está ataviada.* (8) *E foi-lhe dado o vestir-se de finíssimo linho, resplandecente e branco. E este linho fino são as virtudes dos santos.*

Vestir-se de *finíssimo linho, resplandecente e branco* significa que as suas vestes, ou estado de espírito, são de bondade, verdade, beleza, harmonia e boa vontade. Você deve usar as *vestes de Deus,* que significam o estado de espírito de amor, quando reza. Você veste roupas especiais quando visita o Presidente ou o Rei. Deve usar a atitude mental adequada, ao se apresentar diante do Rei dos reis, Senhor dos senhores e Príncipe da Paz dentro de si. *As bodas do Cordeiro,* mencionadas no versículo sete, dão-se quando você se une com o seu desejo. O bem que você procura é o casamento que você deseja fazer. O Cordeiro é o seu bem, a realização do seu desejo. Você deve unir-se com a sua nova concepção de si. Se você busca a saúde perfeita, é essa a boda do Cordeiro. A sua esposa é o seu sentimento, a sua natureza emocional, que deve ser receptiva à Salutar Presença Infinita. A fim de poder ter a saúde, você não se detém sobre os sintomas, mas desvia a atenção do corpo físico e pensa no fato de que uma saúde perfeita é sua graças à ação da Presença Salutar que criou todos seus órgãos e conhece todos os seus processos e funcionamento. Você se obriga a lembrar que a doença e as enfermidades não existem fora da mente, mas são fabricadas pela mente, e, diante do fato de você poder mudar de idéia, poderá modificar as condições existentes. Essa noção enche a sua mente de fé e segurança. Continue a sentir e saber que o Poder Salutar está agora reagindo ao seu pensamento, e a sua mente ficará impressionada com as suas afirmações, que aumentam em fé até a sua mente estar em paz e alegre em sua união com o sentimento de saúde perfeita e paz de espírito. Você celebrou o casamento em sua mente porque conseguiu, mental e emocionalmente, unir-se com o seu bem.

(16)   *E no seu vestido e na sua coxa traz escrito:* REI DOS REIS, E SENHOR DOS SENHORES.

Isto é um símbolo do ato criador, semelhante à história da coxa de Jacó, no Capítulo 32 do Gênese. ... *(24) ficou ele (Jacó) só; e eis que um homem lutou com ele até pela manhã. (25) O qual, vendo que o não podia vencer, tocou o nervo de sua coxa, e logo este se secou.*

A palavra *coxa* é um eufemismo que significa as partes criadoras do homem. Os antigos usavam símbolos fálicos para revelarem grandes verdades psicológicas. Você luta com uma idéia, gostaria de tornar-se o que deseja ser, a sua razão e sentidos o negam e o desafiam. Quando você rejeita a evidência dos sentidos e sente que é o que deseja ser, alguma coisa sai de você, você se sente em paz, descontraído e à vontade. Se você consegue impregnar a sua mente mais profunda com o seu desejo ou idéia, torna-se incapaz de continuar a implorar isso, como se fosse um ato físico criador. Em outras palavras, o ato criador mental e emocional ficou completo e você está satisfeito e não anseia, nem deseja, nem reza mais. Assunto encerrado.

# CAPÍTULO VINTE

(1) *E vi descer do céu um anjo, que tinha a chave do abismo e uma grande cadeia na sua mão.* (2) *E prendeu o dragão, a serpente antiga, que é o demônio e Satanás, e amarrou-o por mil anos;* (3) *e meteu-o no abismo e fechou-o, e pôs o selo sobre ele, para que não seduza mais as nações, até se completarem os mil anos; e depois disto deve ser solto por um pouco de tempo.*

O demônio, a nossa sensação de carência, está acorrentado, mas só por certo tempo. Quando o nosso desejo desperta, o demônio ou o aspecto negativo surge com ele. O demônio significa viver a vida ao contrário. O demônio é o nosso mal-entendido, o nosso falso conceito das coisas. Vemos através de um vidro, obscuramente; em outras palavras, não vemos como Deus vê. Quando você se une com o seu bem, vence a sensação de carência, e o demônio ou a negação se solta; mas com todo desejo surge uma sensação de carência que o desafiará por algum tempo.

(5) *Os outros mortos não tornarão à vida,
até se completarem os mil anos. Esta é a primeira
ressurreição.*

A primeira morte é a morte da ignorância. Morremos para as falsas crenças, que dizem que somos vítimas da sorte, destino, coincidência, todas palavras usadas para demonstrar a nossa ignorância das leis de nossa mente. Despertamos para a verdade de que o nosso próprio EU SOU é Deus, e que o que afixarmos ao EU SOU nós nos tornamos.

(6) *Bem-aventurado e santo aquele que tem
parte na primeira ressurreição; a segunda morte não
tem poder sobre estes, mas serão sacerdotes de Deus
e de Cristo, e reinarão com ele durante mil anos.*

A primeira ressurreição é voltar ao Consciente Não-Condicionado, compreendendo que o que quer que declaremos e sintamos como verdade no silêncio de nossa mente, a vontade não-condicionada se condicionará de acordo. Descobrimos o poder da criação e compreendemos e sabemos que a Força Onipotente flui pelo nosso processo de pensamento e imagens mentais, e que criamos do mesmo modo que Deus cria. A nossa primeira ressurreição é a percepção da Presença de Deus dentro de nós e a nossa capacidade de libertar o Esplendor Oculto por meio de nossos pensamentos e imagens. A segunda morte é apenas a ressurreição de nosso desejo depois de dominarmos a sensação de carência.

*121*

# CAPÍTULO VINTE E UM

(1) *E vi um novo céu e uma nova terra. Porque o primeiro céu e a primeira terra desapareceram e o mar já não existe.* (2) *E eu, João, vi a cidade santa, a nova Jerusalém, que descia do céu de junto de Deus, adornada como uma esposa ataviada para o seu esposo.* (3) *E ouvi uma grande voz, vinda do trono, que dizia: Eis o tabernáculo de Deus com os homens, e habitará com eles. E eles serão o seu povo, e o mesmo Deus com eles será o seu Deus;* (4) *e Deus lhes enxugará todas as lágrimas dos olhos; e não haverá mais morte, nem choro, nem gritos, nem dor, porque as primeiras coisas passaram.*

O céu significa percepção. A terra significa manifestação. O seu novo céu é o seu novo ponto de vista, a sua nova dimensão de consciência. Quando você começa a ver espiritualmente, compreende que no Absoluto está toda a Felicidade, Harmonia, Amor Ilimitado, Perfeição Infinita, Sabedoria Infinita e Paz Absoluta. Quando você começa a identificar-se com essas verdades, o mar ou ondas de medo, dúvi-

122

da, preocupação e ansiedade desaparecem, e a sua mente torna-se serena, repousada, cheia de fé e confiança. Você pode então sossegar a sua mente e ali declarar, perceber intimamente e sentir o rio de paz de Deus correndo pela sua mente. Você está agora na cidade santa — a Nova Jerusalém (sua mente em paz) caracterizada por estados admiráveis de felicidade, alegria, fé, harmonia, amor e boa vontade. A sua mente está vestida com a beleza radiante de Deus e o seu estado de espírito é exaltado, nobre, sublime. Você é como uma esposa ataviada para o marido, conforme diz o versículo dois, no sentido de se ter casado mental e espiritualmente com o seu Deus e todas as coisas boas. Você está com a sua veste nupcial porque está sintonizado com o Infinito, e as Verdades Eternas de Deus impregnam constantemente a sua mente.

Você também compreende a verdade do versículo três, ou seja, que você é o tabernáculo de Deus, pois todo homem abriga Deus. A mente e espírito do Homem são a Presença de Deus nele. Deus é a Vida, e Deus é tudo o que existe, e portanto a Vida de Deus é a Vida do homem. O Divino Espírito Santo satura e enche todas as partes do seu ser. Cada homem é a expressão de Deus ou a individualização da consciência de Deus, o que é outra maneira de dizer a mesma cosia.

O versículo quatro lembra-nos que quando compreendemos a verdade sobre Deus, compreendemos que Deus não pode ficar doente, não pode morrer, nem sofrer frustrações, nem sofrer ou ficar triste. Você chega à conclusão de que é tudo ilusão de sofrer, tristeza, suspiros e dor. Como Deus poderia sofrer? Como Deus poderia morrer? Como Deus poderia aprender alguma coisa? Como Deus poderia viajar? Comece agora a declarar que o que é verdade para Deus é verdade para você e Deus enxugará as lágrimas dos seus olhos e não existirá mais em você tristeza, dor, doença, suspiros ou lágrimas. Você verá que está repleto de Deus e preso de um frenesi divino. Você recebeu o antídoto espiritual que enxuga todas as lágrimas de seus olhos e não haverá mais choro.

(5) *E o que estava sentado no trono disse: Eis que eu renovo todas as coisas. E disse-me: Escreve, porque estas palavras são muito fiéis e verdadeiras.*

O *trono* mencionado é o seu próprio consciente disciplinado. Você tem a autoridade de separar o joio do trigo, o falso do verdadeiro. A sua percepção espiritual lhe permite fazer o julgamento de todas as idéias, teorias, conceitos e pensamentos que lhe vêm à mente. A sua decisão baseia-se numa medida espiritual de todas as coisas que sejam verdadeiras, amáveis, justas e de boa reputação. Se algum pensamento, conceito ou opinião não se adaptar a isto, você os rejeita como indignos da casa de Deus, a sua própria mente. Você está agora em posição de renovar todas as coisas em seu mundo, devido aos seus novos conceitos, imagens e postulados. Toda a névoa da mente humana se dissolve ao sol do Amor de Deus.

(6) *E disse-me: Está feito. Eu sou o Alfa e o Ômega, o princípio e o fim. Eu darei gratuitamen-*

*te a beber da fonte da água da vida ao que tiver
sede.*

*Alfa* é a nossa idéia, nosso conceito. *Ômega* é
a realização ou manifestação dessa idéia. O carvalho está na bolota, a maçã na semente da maçã. Se
você se detiver em sua idéia ou meditar sobre ela, e
pensar nela com um interesse sincero, verá que a
idéia começa a dominá-lo e dirigir os seus atos de
acordo com a natureza da idéia.

Ao escrever este capítulo, fui interrompido por
um telefonema internacional de uma moça em Paris,
que está pensando em apresentar seu talento pela
televisão. Disse que tinha recebido um contrato pouco antes e queria contar-me a respeito. Queria muito
exprimir-se e pensara na idéia com confiança e positivamente; havia alguns meses que nutria aquela
idéia, dando-lhe vida com o seu calor e entusiasmo.
O contrato foi apenas uma resposta ao trabalho da
idéia em sua mente. Quando você sente a realidade
da idéia na mente, o subconsciente toma conta do
caso e obriga você a representar o papel envolvido
pela idéia. O princípio e o fim são o mesmo.

A semente tem a sua própria matemática e mecânica dentro de si, tem a sua vitalidade inerente e
seu próprio processo de desenvolvimento. O mesmo
se aplica à sua idéia, ela tem o poder de se manifestar. Em outras palavras, a idéia executa-se por si
própria. O cientista moderno, trabalhando num laboratório, acredita na possibilidade da execução da
idéia. Há cerca de cem anos, o Dr. Phineas Quimby,
pioneiro dos processos curadores da mente, disse:
"Verifiquei que, se eu realmente acreditasse numa
coisa, o efeito se seguiria, quer eu estivesse pensando

*125*

naquilo ou não." Acreditar significa aceitar a idéia como verdadeira. Jogue a semente (idéia) no solo fértil (receptivo) da sua mente e a Inteligência Criadora que se acha nas profundezas de seu subconsciente fará o resto. Você então descobrirá que *alfa* é o seu pensamento ou idéia, e *ômega* a sua objetivação — que os dois são o mesmo, o princípio foi o pensamento, e o fim foi a sua forma e função.

(16) *E a cidade é quadrangular, e tão comprida como larga; e mediu a cidade com a cana de ouro até doze mil estádios, e o seu comprimento e a sua altura e a sua largura são iguais.* (17) *Mediu também o seu muro até cento e quarenta e quatro côvados, da medida de homem que era a do anjo.* (18) *E o muro era construído de jaspe; e a mesma cidade era de ouro puro, semelhante do vidro claro.* (19) *E os fundamentos do muro da cidade eram ornados de toda qualidade de pedras preciosas. O primeiro fundamento era de jaspe; o segundo, de safira; o terceiro, de calcedônia; o quarto, de esmeralda;* (20) *o quinto, de sardônica; o sexto, de sárdio; o sétimo, de crisólito; o oitavo, de berilo; o nono, de topázio; o décimo, de crisopraso; o undécimo, de jacinto; o duodécimo, de ametista.*

A *cidade* é a sua consciência, e o fato de ela ser *quadrangular* significa que o homem é o cubo, um símbolo de uma figura perfeita; o cubo significa um germe, uma idéia feita carne. O *cubo* desdobrado torna-se uma cruz; a cruz é simbólica do corpo do homem. O *muro* é a radiação emanando de dentro e de fora de nós quando estamos em paz e cheios da Sua Luz. As *doze portas* e as *doze pedras preciosas* representam as doze faculdades ou discipli-

126

nas da mente. São as seguintes: (1) percepção, (2) fé, confiança, (3) juízo correto, (4) amor, (5) persistência, (6) imaginação disciplinada, (7) compreensão, (8) desejo, (9) discernimento, (10) louvor, gratidão, (11) zelo, audição interior, (12) desprendimento. Quando o Absoluto se torna relativo, é que passou do estado sem forma para o limitado. Chama-se a isso a crucificação ou passar do invisível para o visível. Sempre que você passar do escuro para a Luz, da dor para a paz, da ignorância para a sabedoria, terá experimentado uma crucificação psicológica ou uma travessia da limitação para a liberdade. Os muros mediam cento e quarenta e quatro côvados, o que significa a multiplicação e ampliação dos seus doze poderes. Começando a disciplinar as suas doze faculdades, você amplifica e aumenta a sua audição, visão, juízo e todas as outras faculdades.

(21) *E as doze portas eram doze pérolas; e cada porta era feita de uma pérola; e a praça da cidade era de ouro puro, como vidro transparente.* (22) *E não vi templo nela, porque o Senhor Deus Onipotente e o Cordeiro são o seu templo.* (23) *E esta cidade não tem necessidade de sol nem de lua que a alumiem, porque a claridade de Deus a ilumina e a sua lâmpada é o Cordeiro.*

Ouro representa o Poder de Deus e a Beleza da Santidade (integridade). O homem é o templo do Deus Vivo. O dia virá em que você não olhará mais para o templo exterior, embora necessário e essencial a milhões, mas encontrará o santuário interior.

Você não terá necessidade de um prédio, música, incenso, velas, imagens, liturgia, cerimônias, rituais, para lembrar-se de Deus. As cerimônias e rituais em muitos casos tendem a empolgar ou hipnotizar a pessoa, dando-lhe a ilusão de que está comungando com Deus. Você pode ser transportado pelos seus cinco sentidos, e mesmo influenciado somente pela visão e pelo som. A oração é uma comunhão íntima com Deus, um movimento do coração em que você sente e prova o Senhor, e O acha bom.

Entrar no templo (a sua mente) não tem nada a ver com os cinco sentidos; você deve fechar a porta dos cinco sentidos e comungar com Deus no silêncio de sua alma e ouvir a Voz Divina que fala com a alma em paz. Você não precisa de auxílio para tocar em Deus, pode entrar em contato com a Presença Divina por meio do seu pensamento. Entre agora nesse templo interior, medite sobre o EU SOU, a Presença de Deus, pense em tudo o que você sabe sobre Deus, e você se perderá na alegria e maravilha de tudo isso. Compreenderá que você é na verdade um Espírito e que pensa, sente e age como Espírito; ali não há templo, nenhum santuário, mas a Inteligência Infinita de Deus é a sua luz. Você é um com o Espírito Total (Espírito Santo). O Espírito de Deus é o seu espírito. A Mente d'Ele é a sua mente, a Paz Divina é a sua paz, e o Amor de Deus é o seu amor. Você experimentou um momento que dura para sempre. Você descobre que sob todo o caos, confusão e luta no mundo, existe uma Paz Eterna, Harmonia Absoluta, Beleza Indescritível e Ventura; você sentirá que todos os homens são um e que as torrentes da multiplicidade correm de volta à unidade. Na meditação você se dirige interiormente para o Verdadeiro, e à medida que você se interioriza percebe primeiro que essa coisa chamada *corpo* é muito irreal, e a terra em que você se acha torna-se irreal. A vida externa torna-se o sonho e a vida interior desperta e se dirige cada vez mais para dentro; por fim parece fundir-se, e de repente o Ser que medita percebe que, indo para dentro, descobriu o Universo; que o Sol, a Lua, as estrelas e planetas estão no interior. Pela primeira vez você sabe que os planetas são pensamentos, que os sóis e luas são pensamentos, e que o seu próprio consciente é a realização que os sustém a todos, que temporariamente no espaço movem-se os sonhos do Sonhador; e os mundos, sóis e luas são pensamentos do Pensador. Os olhos d'Ele estão fechados e Ele está meditando, e nós somos a Sua meditação. É o Consciente meditando sobre os mistérios de Si mesmo. Este é o templo aonde você vai quando reza. Não precisa do Sol, nem da Lua, pois a glória de Deus o ilumina e o Cordeiro (ou seu EU SOU) é a sua lâmpada.

# CAPÍTULO VINTE E DOIS

(1) *E mostrou-me um rio de água viva resplandecente como cristal, que saía do trono de Deus e do Cordeiro.* (2) *No meio da praça da cidade, de um e outro lado do rio, estava a árvore da vida, que dá doze frutos, produzindo em cada mês o seu fruto, e as folhas da árvore servem para a saúde das nações.*

Podemos beber da fonte que nunca seca. Podemos impregnar-nos de inspiração, alegria, paz, amor e felicidade. O Princípio da Vida sustenta todo o universo e alimenta trilhões de peixes no mar, pássaros no ar e todos os animais terrestres. Seu infindável oceano de provisões move-se sem cessar, incansável, sem fim e copiosamente para todos. O homem deve ter uma taça (uma mente aberta) e receber as bênçãos de Deus que fluem pelo rio da mente para todos os homens por toda parte. A *árvore da vida* é a presença de Deus em você, e os seus doze poderes representam os *doze frutos*. A árvore de Natal está dentro de você e todas as espécies de frutos estão ali penduradas. A vida é uma dádiva para você. Você não precisa merecer a Vida; a Vida de

Deus lhe foi dada quando você nasceu, mas você deve comer os frutos da árvore, como os frutos da paz, orientação, amor, alegria, bondade, verdade e beleza. Todos esses e muitos mais lhe foram dados desde o início dos tempos. As folhas das árvores são os pensamentos e valores espirituais que trazem a harmonia, paz e saúde para todos os homens.

(10) *E disse-me: Não seles as palavras da profecia deste livro, porque o tempo está próximo.* (11) *Aquele que comete injustiça, cometa-a ainda, aquele que é impuro, continue na impureza; aquele que é justo, justifique-se mais, e aquele que é santo, santifique-se mais.*

*Profecia*, como você já aprendeu, é o seu próprio sentimento interior, a sua fé, seu estado de espírito que determina o que está por vir. Seja o que for que você estiver planejando para o futuro, está planejando agora; o futuro são sempre os seus pensamentos presentes tornados visíveis. Aquilo com que você se unir mental e emocionalmente é uma profecia daquilo que está para vir. Você é o seu profeta. Seja um verdadeiro profeta, seja um bom profeta. Espere somente uma boa sorte e a boa sorte será sua. Os filhos da desgraça são os que atribuem poder a coisas externas, a outras pessoas, e a mentalidade preconceituosa. São estes os únicos filhos ilegítimos do mundo.

No versículo sete, aprendemos que primeiro temos de nos transformar e depois o nosso mundo se transformará. O homem está sempre tentando mo-

*131*

dificar os outros. Conceda aos seus parentes, amigos e todas as pessoas o direito de serem diferentes, respeite-lhes as peculiaridades, idiossincracias e pontos de vista religiosos. Permita que eles pratiquem sua religião de maneira diversa da sua, alegre-se por existirem católicos, judeus, protestantes, budistas e outras organizações religiosas. Se o outro for mau e mesquinho, não há motivo para que você o seja. Você está aqui para deixar brilhar a sua luz de tal modo diante dos homens que eles vejam as suas boas obras, dando desse modo o bom exemplo a todos. Passe o seu tempo irradiando a glória, a beleza e o amor de Deus, e não se importe se o outro o fizer ou não. Modifique-se e, modificando-se, o seu mundo magicamente se moldará à imagem e semelhança do seu conceito de si. Identifique-se com o agradável e não poderá ver o desagradável. Como os seus olhos estão identificados com a beleza, você não pode ver as coisas feias da vida. Encha a sua alma de amor, e você descobrirá que o amor transcende todos os credos e dogmas.

(16) *Eu, Jesus, enviei o meu anjo, para vos atestar estas coisas nas Igrejas. Eu sou a raiz e a geração de Davi, a estrela resplandecente da manhã.*

*Jesus* simboliza o seu desejo, que é como a estrela-d'alva que anuncia o nascer do sol, que redime a terra das trevas e da sombra e ilumina o céu em toda a sua glória. O seu desejo também anuncia o nascimento do seu salvador, pois a realização do seu desejo o salva de qualquer dificuldade, seja qual for. O seu desejo é a *raiz* e o rebento de Davi, pois *Davi*

132

significa o amor de Deus, e o seu desejo é o amor da Vida para exprimir-Se por você. É a promessa de Deus em seu coração, dizendo-lhe que você pode elevar-se e tornar-se o que quiser ser. A *estrela resplandecente da manhã* é a sua convicção íntima de sua capacidade de realizar tudo quanto empreender; esta estrela ou atitude da mente o orienta e impele a satisfazer e apresentar o desejo querido de seu coração.

(18) *Porque eu protesto a todos os que ouvem as palavras da profecia deste livro que, se alguém lhes acrescentar alguma coisa, Deus o castigará com as pragas escritas neste livro.* (19) *E, se alguém tirar qualquer coisa das palavras da profecia deste livro, Deus lhe tirará a sua parte do livro da vida, e da cidade santa, e das coisas que estão escritas neste livro.*

É interessante notar, nesses dois versículos da Bíblia, a referência ao vandalismo literário existente nos dias em que foram escritos os livros da Bíblia. Era costume escrevê-los em pergaminho, sob a forma de rolos; no entanto, fanáticos religiosos e outras pessoas inescrupulosas muitas vezes modificavam e apagavam palavras e trechos, intercalando falsificações. Sabemos que as cartas de S. Paulo e outras partes do Novo Testamento foram mutiladas dessa maneira, mas os estudiosos da Bíblia, os filólogos e outros pesquisadores sabem onde se encontram essas falsificações. Não há dúvida de que os fanáticos religiosos foram impedidos de interferir no conteúdo do livro da Revelação, pois que interpretavam a Bíblia ao pé da letra, sem compreender que o signifi-

*133*

cado oculto é a essência de toda a mensagem. Segundo o consenso geral, o texto deste livro da Bíblia foi conservado intacto através dos anos devido ao medo do que os homens acreditavam ser uma imprecação. Mas isso é apenas o revestimento externo. O verdadeiro significado é outra coisa completamente diversa. A sua palavra é a sua idéia, pensamento ou desejo formulado, e tem o seu próprio método de expressão, conforme explicado num capítulo anterior. O seu desejo de riqueza é uma profecia daquilo que está para vir, do mesmo modo que uma semente é a promessa de uma safra.

O seu desejo de saúde, paz, verdadeira expressão ou prosperidade é a voz de Deus dizendo-lhe que você pode tornar-se ou vir a ter todas essas coisas. Vamos ilustrar como o homem acrescenta algo à palavra de Deus: ele reza pedindo riqueza e afirma que Deus é sua fonte de provisão e que Sua fortuna está circulando em sua experiência agora, e alguns minutos depois começa a pensar como, quando, onde e por que meio lhe virá a sua provisão. Não confia na Fonte Divina e quer ajudar a Deus. O homem deve aprender que os meios de Deus estão além de nossa capacidade de descobrimento e que Deus tem inúmeros canais, e a oração do homem pode ser atendida de inúmeras maneiras, de um modo que ele não conhece e numa hora em que ele não o espera.

Conheci um homem que estava sempre rezando, pedindo prosperidade e procurando em Deus a verdadeira Fonte; e ao mesmo tempo ele tinha muito ressentimento contra o patrão, porque este não lhe dava um aumento de ordenado. Aquele homem não acreditava realmente no que afirmava. Na verdade,

*134*

ele estava rezando em dois sentidos e, como um soldado marcando passo, não estava chegando a lugar algum. Aquele homem pensava duas coisas e tinha duas lealdades. Temos de chegar a uma decisão definitiva e saber que Deus é a Fonte de todas as nossas bênçãos e acreditar em nosso íntimo que o Espírito reagirá de acordo com aquilo que temos como verdadeiro, pois Ele é todas as coisas para todos os homens.

O Princípio Criador pode fazer-nos prosperar do mesmo modo que faz crescer o cabelo em nossa cabeça ou cria uma folha de grama. Tem toda a sabedoria e a técnica da realização. O homem deseja a produção; esse desejo é bom e muito bom. A vida é crescimento e o seu desejo de progresso e expansão é o impulso cósmico dentro dele, dizendo-lhe que se eleve, transcenda, cresça e se exprima em planos mais elevados. É assim que ele acrescenta algo à palavra; ele olha em volta e diz: "Bem, aquele sujeito vai morrer um dia e vou ficar com o emprego dele." O desejo era bom, mas ele o contaminou e adulterou. Ele devia saber que Deus pode criar outro emprego como aquele, e muito melhor ainda. O homem não quer o emprego do outro, ele quer uma posição como aquela, com o mesmo prestígio, ordenado, etc. A Inteligência Infinita tem inúmeros meios de fazer realizar-se o seu pedido. Não precisamos tirar sequer um fio de cabelo a um ser vivo para progredir na vida. O homem nunca deve sabotar ou prejudicar outro a fim de conseguir a sua meta na vida — prejudicar outra pessoa dessa maneira seria fazer acréscimos à palavra,,e *Deus o castigará com as pragas escritas neste livro;* o que significa que,

135

se usarmos a lei de modo negativo, colheremos os resultados, como neurose, frustração, doença, insatisfação, etc. Tiramos algo da palavra quando dizemos "Não posso ser isso", ou "Não consigo realizar o meu objetivo". Estamos negando a Presença e o Poder de Deus ao dizer que Deus não pode cumprir a sua promessa. Há pouco tempo um homem me disse que o filho estava com um mal incurável. Observei que o que ele realmente estava dizendo era que Deus não podia curar o menino. Ele ficou chocado com as suas próprias palavras e começou a afirmar que a Inteligência Criadora que criara o filho poderia sem dúvida restituir-lhe a harmonia, a saúde e a força. Uma cura perfeita se realizou, sanando-se o distúrbio sangüíneo.

Um homem foi procurar-me por causa do filho, que queria estudar Medicina. O pai disse que não tinha o dinheiro necessário e o rapaz estava muito deprimido. Enquanto isso, o rapaz foi trabalhar num balcão de lanchonete, sentindo-se muito frustrado e infeliz. O pai estava amesquinhando a palavra de Deus, dizendo: "Deus não pôde abrir o caminho para o meu filho ser o que deseja, de modo que vou-lhe arranjar um emprego qualquer." A praga que se segue é o fracasso do homem em realizar o seu desejo, o que é a causa de todas as misérias e desgraças deste mundo. Aquele pai começou a rezar para que o Espírito Infinito abrisse o caminho para o filho ir para a universidade e começou a visualizar mentalmente, antes de dormir, o filho mostrando-lhe o diploma de médico, que dizia que ele se formara em Medicina e Cirurgia. O pai ficou imaginando esse

136

diploma e pedindo a Deus orientação e a ação certa. Dentro de algumas semanas morreu uma tia, que deixou muitos bens e fundos suficientes para custear os estudos do rapaz.

(20) *O que dá testemunho destas coisas diz: Sim, venho depressa. Amém. Vem, Senhor Jesus.* (21) *A graça de Nosso Senhor Jesus Cristo esteja com todos vós. Amém.*

A palavra *amém* significa a união sincrônica ou o acordo de sua mente, consciente e subconsciente. Já não há qualquer dúvida e a sua oração está atendida. O *Senhor Jesus* é a Lei do EU SOU, e essa lei é *EU SOU aquilo que contemplo, EU SOU aquilo que eu próprio sinto ser.* Você protesta e dá testemunho das verdades de Deus exprimindo Suas qualidades e atributos e potencialidades em seu corpo, mente e circunstâncias. O Infinito responde depressa as suas convicções íntimas e à sua lealdade e dedicação de toda a alma. Caminhe na luz ou percepção de que é completamente impossível a sua oração falhar. Caminhe consciente de que no momento em que você pedir, "Está feito", e maravilhas acontecerão quando você rezar.

O versículo vinte e um diz que o EU SOU dentro de você é Cristo ou o Salvador, ou que a Lei do EU SOU é a solução de todos os seus problemas. O que você acrescentar ao EU SOU, nisso você se torna. Você agora pode sentir "EU SOU livre", EU SOU forte", "EU SOU iluminado" etc. e, quando o declarar e sentir, assim se tornará. Você encontrou o seu salvador, pois é o seu próprio salvador. O seu ser é Deus. A lei de Deus significa a maneira de Deus trabalhar. Aquilo em que você medi-

*137*

tar, você se torna. Em cada dia de nossas vidas, devemos começar a meditar sobre a beleza, a glória e a profundidade do Eterno. Pensando nas Verdades Eternas dentro de nós, encontramos uma paz eterna que se estende além das estrelas, além do tempo e do espaço. Quando estamos imbuídos de ideais elevados, quando temos pensamentos universais, as coisas pequenas desaparecem e todas as mesquinharias da vida tornam-se inconseqüentes e são esquecidas. A nossa alma chega a encher-se da glória do todo e as limitações e restrições de nossa vida diária desaparecem. Vemos que esse estado de espírito feliz nos eleva e nos põe em harmonia com a Mente Universal de Deus. Quando a cupidez, o ciúme, a discórdia e outros conceitos estreitos que nos prendem à roda da dor desaparecem de nosso consciente, esquecidos na alegria da Verdade, não somos mais filhos do homem, e nos tornamos filhos de Deus. Nós nos tornamos um na perspectiva universal. A meditação constante, quer num bosque, quer no seu lar, ou onde quer que você esteja, faz com que a sua alma vibre como se tocada por uma harmonia divina, e um sentimento arrebatador e palpitante invande todo o seu corpo. É como se a melodia dos deuses fosse tocada nas cordas de seu coração.

Para concluir, meditemos esta verdade profunda: *Caríssimos, agora somos filhos de Deus; mas não se manifestou ainda o que seremos, sabemos que, quando ele se manifestar, seremos semelhantes a ele, porque o veremos como ele é.* (I João 3:2)

\* \* \*

Seja um Leitor Preferencial Record
e receba informações sobre nossos lançamentos.
Escreva para
**RP Record**
**Caixa Postal 23.052**
**Rio de Janeiro, RJ – CEP 20922-970**
dando seu nome e endereço
e tenha acesso a nossas ofertas especiais.

Válido somente no Brasil.

Ou visite a nossa *home page*:
http://www.record.com.br

Impresso no Brasil pelo
Sistema Cameron da Divisão Gráfica da
DISTRIBUIDORA RECORD DE SERVIÇOS DE IMPRENSA S.A.
Rua Argentina 171 – Rio de Janeiro, RJ – 20921-380 – Tel.: 585-2000